LIBRAIRIE
de Dezobry et E. Magdeleine,
rue des Maçons-Sorbonne, n. 1, à Paris.

EXERCICES
SUR LA GRAMMAIRE FRANÇAISE

PAR M. GUÉRARD,
Agrégé de Grammaire,
Préfet des Études au collége Sainte-Barbe.

PREMIER CAHIER.

EXERCICES 1 à 121. — Première partie de la Grammaire et Syntaxe du Nom et de l'Article.

LIVRE DE L'ÉLÈVE.

COURS COMPLET
DE LANGUE FRANÇAISE

(THÉORIE ET EXERCICES),

PAR M. GUÉRARD,

AGRÉGÉ DE GRAMMAIRE,

PRÉFET DES ÉTUDES AU COLLÉGE SAINTE-BARBE.

EXERCICES

SUR CHACUNE DES PARTIES

DE LA

GRAMMAIRE AVEC COMPLÉMENTS.

LIVRE DE L'ÉLÈVE.

PARIS,

DEZOBRY ET E. MAGDELEINE, LIBR.-ÉDITEURS,

1, Rue des Maçons-Sorbonne.

1852.

Fautes essentielles à corriger.

Page 23, ligne 25. En effets, *écrivez* en effet.

27, ligne 10. Alisé, *écrivez* alizé.

36, ligne 7 en remontant. Descendez le nombre 15 d'une ligne.

42, 92e exercice, ligne 7. Mettez une virgule après le mot *Perses*.

43, 95e exercice, ligne 9. Mettez une virgule après le mot *poissons*, et une autre après le mot *liquides*.

44, 98e exercice, 2me phrase. Au lieu de s'entregorger, *mettez* s'entr'égorger.

48, phrase 11. Leur période, *mettez* leurs périodes.

60, 113e exercice. Chasse-mouche, *mettez* chasse-mouches.

62, phrase 7, ligne 5. Tous les, *mettez* tous ces.

EXERCICES

SUR LA

GRAMMAIRE FRANÇAISE

DE M. GUÉRARD.

PREMIÈRE PARTIE.

NOTA. Les élèves ayant fait de nombreux exercices sur la première partie de la Grammaire élémentaire, n'ont besoin que de revoir rapidement ce qu'ils ont déjà appris : c'est pourquoi nous ne donnerons d'abord que quelques excercices de récapitulation sur la première partie de la grammaire complète, afin que les élèves puissent faire le plus tôt possible des exercices de syntaxe. On pourra passer ces exercices de récapitulation, si les élèves sont assez forts pour aborder immédiatement les exercices de syntaxe, sauf néanmoins les exercices 36, 37, 38, 39, 41 et 67 à 81, qui sont très-importants comme exercices d'orthographe.

CHAPITRE PREMIER.

NOM OU SUBSTANTIF.

1er EXERCICE. — *Orthographe et analyse.*

GRAMMAIRE (18 à 25). Nom commun, nom propre, nom collectif.

[Copiez, puis indiquez les différentes sortes de noms; dites si le collectif est général ou partitif, signalez aussi les noms communs abstraits.]

1. Il ne faut qu'ouvrir les yeux et qu'avoir le cœur libre, pour apercevoir sans raisonnement la puissance et la sagesse du Créateur, qui éclatent dans son ouvrage (*Fénelon*). — 2. Regardons ces voûtes immenses où brillent les astres et qui couvrent nos têtes. Que signifie cette multitude presque innombrable d'étoiles? La profusion avec laquelle la main de Dieu les a répandues sur son ouvrage, fait voir qu'elles ne coûtent rien à sa puissance. Il en a semé les cieux, comme un prince

magnifique répand l'argent à pleines mains, ou comme il met des pierreries sur un habit. Combien doit être puissant et sage celui qui fait des mondes aussi innombrables que les grains de sable qui couvrent le rivage des mers! (*Id.*). — 3. Qu'y a-t-il de plus beau et de plus magnifique que ce grand nombre de républiques d'animaux si bien policés, et dont chaque espèce est d'une construction différente des autres? Tout montre combien la façon de l'ouvrier surpasse la vile matière qu'il a mise en œuvre; tout m'étonne jusqu'aux moindres moucherons. Si on les trouve incommodes, on doit remarquer que l'homme a besoin de quelques peines mêlées avec ses commodités. Il s'amollirait et il s'oublierait lui-même, s'il n'avait rien qui modérât ses plaisirs et qui exerçât sa patience (*Id.*). — 4. L'homme doué de raison, peut saisir le spectacle de l'Univers, en admirer l'ordre et la beauté, et remonter ainsi de merveille en merveille jusqu'au Créateur, pour lui porter ensuite le doux hommage de la reconnaissance et du respect.

2e EXERCICE. — *Invention.*

[Composez quatre phrases, chacune formée d'une ou de plusieurs propositions, dans lesquelles vous ferez entrer un nom collectif général, quatre autres phrases où vous mettrez un collectif partitif, et quatre phrases où vous emploierez un nom commun abstrait.]

3e EXERCICE. — *Orthographe et analyse.*

[Comme le premier exercice.]

La reconnaissance pour ceux qui ont travaillé à notre éducation fait le caractère d'un honnête homme, et est la marque d'un bon cœur. Qui de nous, dit Cicéron, a été instruit avec quelque soin, à qui la vue, ou même le simple souvenir de ses précepteurs, de ses maîtres, et du lieu où il a été nourri ou élevé, ne fasse un singulier plaisir! Sénèque exhorte les jeunes gens à conserver toujours un grand respect pour leurs maîtres, aux soins desquels ils sont redevables de s'être corrigés de leurs défauts, et d'avoir pris des sentiments d'honneur et de probité. Leur exactitude et leur sévérité déplaisent quelquefois dans un âge où l'on est peu en état de juger des obligations qu'on leur a, mais quand les années ont mûri l'esprit et le jugement, on reconnaît que ce qui nous donnait de l'éloignement pour eux, je veux dire les avertissements, les réprimandes et la sévère exactitude à réprimer les passions d'un âge peu prudent et peu considéré (1), est précisément ce qui les doit faire estimer et aimer. Aussi voyons-nous que Marc-Aurèle, l'un des plus sages et des plus illustres empereurs qu'ait eus Rome, remerciait les dieux de deux choses surtout : de ce qu'il avait eu pour lui-même d'excellents précepteurs, et de ce qu'il en avait trouvé de pareils pour ses enfants (*Rollin*).

4e EXERCICE. — *Invention.*

GRAMMAIRE (26 et 27). Genre dans les noms.

[Ajoutez un adjectif et l'article ou bien *un, une* aux noms suivants. Vous en donnerez ensuite la signification d'après le dictionnaire.]

Albâtre.
Alvéole.
Amadou.
Amnistie.
Anchois.
Antichambre.
Antidote.
Apothéose.
Armistice.
Armoire.
Artère.
Astérisque.
Atmosphère.
Autel.
Automate.
Balustre.
Centime.
Chanvre.
Cigare.
Décombres.
Dinde.
Ébène.
Écarlate.
Écritoire.
Émétique.
Enclume.
Épiderme.
Épisode.

5e EXERCICE. — *Orthographe.*

GRAMMAIRE (33). Pluriel de quelques noms.

[Mettez au pluriel les noms suivants, et donnez-en la signification d'après le dictionnaire. Exemple : *Agneau,* plur. *agneaux.* Petit de la brebis.]

Agneau, clou, bijou, lambris, aval, bocal, détail, ail, ibis, arbrisseau, ciseau, canal, caillou, rubis, perdreau, bail, fanal, bal, rameau, Dieu, croix, piédestal, cal, corail, éventail, hoyau, Hébreu, nopal, madrigal, chou, bambou, carnaval, aïeul, genou, narval, licou.

(1) On dirait aujourd'hui *inconsidéré.*

6e EXERCICE. — *Invention.*

[Comme le 4e exercice.]

Épitaphe.	Hémistiche.	Incendie.
Épithète.	Hiéroglyphe.	Indice.
Équinoxe.	Horloge.	Insulte.
Équivoque.	Horoscope.	Intervalle.
Esclandre.	Hortensia.	Ivoire.
Étable.	Hôtel.	Légume.
Évangile.	Hydre.	Losange.
Exorde.	Hypothèque.	Mânes.
Girofle.	Idole.	
Hémisphère.	Immondice.	

7e EXERCICE. — *Orthographe.*

[Comme le 5e exercice.]

Pilotis, joyau, hibou, sapajou, moyeu, émail, portail, pal, rival, marteau, machicoulis, travail, ciel, signal, régal, fou, ormeau, gouvernail, vantail, pruneau, désaveu, adieu, épouvantail, joujou, noyau, camail, chacal, sénéchal, sou, serval, sceau, pou, vassal, œil, soupirail.

8e EXERCICE. — *Invention.*

[Comme le 4e exercice.]

Monticule.	Organe.	Réglisse.
Nacre.	Orifice.	Renne.
Obélisque.	Ouvrage.	Sandaraque.
Obstacle.	Parafe *ou* paraphe.	Sentinelle.
Obus.	Parage.	Simples (plantes).
Omnibus.	Paroi.	Tare.
Omoplate.	Patère.	Ulcère.
Ongle.	Pédale.	Ustensile.
Orage.	Pétale.	
Orchestre.	Pleurs.	

9e EXERCICE. — *Orthographe et analyse.*

GRAMMAIRE (34 et 35). Sens propre et sens figuré.

[Copiez les phrases suivantes, et dites si les mots en caractère italique sont employés dans le sens propre ou dans le sens figuré.]

1. Le mensonge ne saurait étouffer la *voix* de notre conscience. — 2. N'est-ce pas la *voix* de votre frère que j'en-

tends? — 3. Cette *plume* ne vaut rien, donnez-m'en une autre. — 4. Cet écrivain est une de nos meilleures *plumes*. — 5.— Le roi avait la *couronne* sur la tête et le *sceptre* à la main (*Acad.*). —6. Ce prince releva l'honneur de la *couronne* (*Id.*). —7. Il gouvernait avec un *sceptre de fer* (*Id.*). — 8. Le liége est *l'écorce* d'une espèce de chêne. — 9. Les ignorants s'arrêtent à *l'écorce*. — 10. C'était une flotte de cent *voiles*. — 11. Votre navire avait perdu toutes ses *voiles*. — 12. Tombez, tombez, *voiles* importuns qui lui couvrez la vérité de nos mystères; et vous, prêtres de Jésus-Christ, prenez le *glaive* de la parole, et coupez sagement jusqu'aux *racines* de l'erreur, que la naissance et l'éducation avaient fait croître dans son âme. Mais par combien de *liens* était-il retenu? (*Fléchier*).

10e EXERCICE. — *Invention.*

GRAMMAIRE (28). Noms féminins correspondant à certains noms masculins.

[Employez dans autant de phrases les noms féminins correspondant aux noms masculins qui suivent.]

Acteur.	Larron.
Ambassadeur.	Lecteur.
Débiteur.	Prophète.
Détenteur.	Serviteur.
Gouverneur.	Traître.
Hôte.	Tuteur.

11e EXERCICE. — *Orthographe et analyse.*

GRAMMAIRE (36). Sens déterminé, sens indéterminé.

[Copiez; dites ensuite si les noms en caractère italique sont employés dans le sens déterminé ou dans le sens indéterminé.]

1. Le *nid* du *moineau* (1) est composé de *foin* au dehors et de *plumes* en dedans (*Buffon*). — 2. Léonidas tombe sous une *grêle* de *traits* (*Barthélemy*). — 3. Cette *mer* (2) aboutit aux principaux *quartiers* de la *ville* (3) et sert à les rapprocher entre eux. Les *flots* (4) sont couverts de *barques*, de *nacelles*,

(1) Le nom *moineau* est employé ici comme nom d'espèce; il s'agit de tout moineau quel qu'il soit : le sens n'a donc rien de vague, d'incertain.
(2) L'auteur désigne par ce mot le vaste port de Constantinople.
(3) La ville de Constantinople : l'auteur l'a déjà nommée auparavant.
(4) Les flots de cette mer, du port de Constantinople.

qui vont d'un rivage à l'autre (*Michaud*). — 4. De longues *files* de *chameaux* viennent y déposer (1) leurs *charges* précieuses; une *foule* de *cavaliers* les accompagnent ou les suivent (*Choiseul-Gouffier*). — 5. Les *chemins* (2) y sont bordés de *lauriers*, de *grenadiers*, de *jasmins* et d'autres *arbres* toujours verts et toujours fleuris. Les *montagnes* sont couvertes de *troupeaux* qui fournissent des *laines* fines recherchées de toutes les *nations* connues (*Fénelon*).—6. On arriva à la *porte* de la *grotte* de Calypso, où Télémaque fut surpris de voir avec une apparence de simplicité rustique tout ce qui peut charmer les *yeux* (3). On n'y voyait ni *or*, ni *argent*, ni *marbre*, ni *colonnes*, ni *tableaux*, ni *statues* : Cette *grotte* était taillée dans le *roc* (4) en voûtes pleines de *rocailles* et de *coquilles*; elle était tapissée d'une jeune *vigne*, qui étendait ses *branches* souples également de tous côtés. Les doux *zéphirs* conservaient en ce *lieu*, malgré les *ardeurs* du *soleil*, une délicieuse *fraîcheur*. Des *fontaines*, coulant avec un doux *murmure* sur des *prés* semés d'*amarantes* et de *violettes*, formaient en divers *lieux* des *bains* aussi purs et aussi clairs que le *cristal* (*Fénelon*).

12ᵉ EXERCICE. — *Invention.*

GRAMMAIRE (28). Noms féminins correspondant à certains noms masculins.

[Employez dans autant de phrases :]

1° Les deux noms féminins correspondant à *chanteur* et à *chasseur*.

2° Les noms suivants appliqués à une femme :

Auteur.	Poète.
Écrivain.	Médecin.
Peintre.	Sculpteur.

(1) Dans le caravansérail.
(2) Les chemins de la Bétique. Fénelon fait la description de ce pays.
(3) Les yeux *du spectateur*, sous-entendu.
(4) Le roc *qui était là, que l'on voyait*, sous-entendu.

CHAPITRE II.

ARTICLE.

13e EXERCICE. — *Orthographe et analyse.*

GRAMMAIRE (37 et 38). Article précédant un nom propre; élision et contraction de l'article.

[Copiez et indiquez l'élision et la contraction de l'article; rétablissez le nom commun sous-entendu devant le nom propre.]

1. La France est séparée de l'Angleterre par la Manche. — 2. La ville de Coblentz, dans la Prusse rhénane, est située au confluent du Rhin et de la Moselle. — 3. L'Europe est la plus petite partie du monde; elle est au nord de l'Afrique et à l'ouest de l'Asie. — 4. La Guadeloupe et la Martinique sont dans les Antilles, à l'entrée du golfe du Mexique. — 5. Le Rhône prend sa source dans les Alpes, au pied du Saint-Gothard, et se jette dans la Méditerranée. — 6. Le Poussin, Lesueur et le Lorrain sont célèbres parmi les peintres français. — 7. Les Grecs donnèrent aux Romains les arts et les sciences. — 8. Le Dante, le Tasse et l'Arioste sont trois des plus grands poëtes de l'Italie. Parmi les grands peintres du même pays, outre Raphaël, Michel-Ange, Léonard de Vinci et Paul Véronèse, on cite le Pérugin, le Titien, le Tintoret, le Corrége, le Dominiquin, le Guide et une foule d'autres.

14e EXERCICE. — *Invention.*

[Composez douze petites phrases renfermant chacune l'article élidé ou contracté.]

CHAPITRE III.

ADJECTIF.

15e EXERCICE. — *Orthographe et analyse.*

GRAMMAIRE (39 à 41). Mots employés comme noms et comme adjectifs. Adjectif qualificatif et adjectif déterminatif.

[Copiez et indiquez les mots qui sont employés tantôt comme

noms, tantôt comme adjectifs. Signalez aussi tous les adjectifs, qualificatifs, déterminatifs ou indéfinis.]

1. Le riche doit secourir le pauvre. — 2. Votre pays est riche, le mien est pauvre. — 3. Voilà des gens bien malheureux! — 4. Que de malheureux réclament nos secours! — 5. Charles-Quint était empereur d'Allemagne et roi d'Espagne. — 6. Le roi de France reçut avec une grande magnificence l'empereur d'Allemagne. — 7. L'égoïste rapporte tout à sa personne. — 8. La faiblesse est égoïste. — 9. Soyez juste, vous serez bientôt modeste (*de Ségur*). — 10. Le juste est l'image de Dieu sur la terre (*Napoléon*). — 11. L'ignorant croit tout savoir.

12. Rien n'est si dangereux qu'un ignorant ami.
Mieux vaudrait un sage ennemi. (La Fontaine.)

13. L'humble toit est exempt d'un tribut si funeste.
Le sage y vit en paix et méprise le reste. (Id.)

14. Ces deux messieurs ne sont pas ennemis, au contraire ils sont fort amis. — 15. Quel sot discours! — 16. La chose est vraie.

17. Un sot trouve toujours un plus sot qui l'admire. (Boileau.)
18. Le vrai peut quelquefois n'être pas vraisemblable. (Id.)

16e EXERCICE. — *Invention.*

[Composez huit phrases dans lesquelles vous ferez entrer l'un des mots suivants employés comme adjectifs, et huit autres où ils seront employés comme noms.]

Aveugle.	Étranger.
Brave.	Prochain.
Curieux.	Ridicule.
Élève.	Vulgaire.

17e EXERCICE. — *Orthographe.*

Grammaire (42). Formation du féminin dans les adjectifs : Exceptions.

[Formez le féminin des adjectifs suivants et donnez la signification de ces adjectifs d'après le dictionnaire.]

Aérien, aigrelet, arien, artificiel, ascensionnel, baron, bouffon, conditionnel, doucet, douillet, félon, fripon, gascon, glouton, grandelet, maigrelet, matériel, méridien, nonpareil, originel, pauvret, poltron, quotidien, rondelet, seulet, vermeil, virtuel.

18e EXERCICE. — *Invention.*

[Composez huit phrases renfermant chacune un des adjectifs suivants au féminin.]

Complet.	Indiscret.
Incomplet.	Inquiet.
Concret.	Replet.
Discret.	Secret.

19e EXERCICE. — *Orthographe.*

[Formez le féminin des adjectifs suivants et donnez-en la signification.]

Bas, beau, bellot, bref, captieux, cauteleux, doux, épais, exprès, fastidieux, faux, fou, fugitif, gentil, gras, gros, jaloux, jumeau, las, mou, nouveau, nul, oiseux, paysan, positif, préfix, primitif, profès, roux, sinueux, vieillot, vieux.

20e EXERCICE. — *Invention.*

[Ajoutez un nom féminin à chacun des adjectifs suivants, et donnez la signification de ces adjectifs d'après le dictionnaire.]

Accélérateur.	Inspecteur.	Querelleur.
Adulateur.	Majeur.	Réparateur.
Antérieur.	Meilleur.	Rieur.
Boudeur.	Mineur.	Spoliateur.
Dominateur.	Modérateur.	Supérieur.
Enchanteur.	Pêcheur.	Trompeur.
Flatteur.	Perturbateur.	
Inférieur.	Prêteur.	

21e EXERCICE. — *Orthographe.*

[Formez le féminin des adjectifs suivants, et donnez la signification de ces adjectifs.]

Aigu, ambigu, bénin, blanc, caduc, châtain, coi, contigu, dispos, exigu, fat, favori, franc, frais, grec, grognon, long, malin, oblong, public, sec, tiers, turc.

22e EXERCICE. — *Invention.*

GRAMMAIRE (44). Exceptions à la règle de la formation du pluriel des adjectifs.

[Ajoutez un nom pluriel masculin aux adjectifs suivants, et donnez la signification de ces adjectifs.]

Abstrus.
Affreux.
Aqueux.
Belliqueux.
Concis.
Désastreux.
Diffus.
Doucereux.
Épineux.
Exquis.
Farineux.
Fougueux.
Frais.
Hargneux.
Indécis.
Infructueux.
Marécageux.
Mauvais.
Niais.
Onéreux.
Perclus.
Précis.
Présomptueux.
Reclus.
Respectueux.
Rigoureux.
Savoureux.

23e EXERCICE. — *Orthographe.*

[Formez le pluriel masculin des adjectifs suivants, et donnez la signification de ces adjectifs.]

Baptismal, banal, biennal, colossal, fatal, filial, final, frugal, glacial, inégal, infernal, initial, jovial, jumeau, latéral, machinal, martial, méridional, naval, nouveau, occidental, oriental, pectoral, radical, septentrional, trivial, vénal, vertical, vital.

24e EXERCICE. — *Invention.*

GRAMMAIRE (46 à 48). Accord des adjectifs avec les noms.

[Composez quatre phrases dans chacune desquelles vous ferez entrer un adjectif s'accordant avec un nom au pluriel, et du masculin ou du féminin; et quatre phrases dans lesquelles l'adjectif s'accordera avec deux noms, l'un du masculin, l'autre du féminin.]

25e EXERCICE. — *Orthographe et analyse.*

GRAMMAIRE (49 à 51). Degrés de signification dans les adjectifs.

[Copiez, puis indiquez les adjectifs qualificatifs, et dites s'ils sont au positif, au comparatif (d'égalité, d'infériorité ou de supériorité) ou bien au superlatif.]

1. L'Allemagne est aussi peuplée que la France. — 2. Les actions sont plus sincères que les paroles. — 3. Le périgée est le moment où la lune est le plus rapprochée de la terre; l'apogée est le moment où elle en est le plus éloignée. — 4. Soyez meilleur vous serez plus heureux (*de Lévis*). — 5. Un gros rat est plus méchant et presque aussi fort qu'un jeune chat (*Buffon*). — 6. Le blaireau a le poil très-épais, les jambes, la mâchoire et les dents très-fortes (*Id.*). — 7. Il y a à la ville, comme ailleurs, de fort sottes gens (*La Bruyère*). — 8. Un

ton poli rend les bonnes raisons meilleures et fait passer les mauvaises (*Châteaubriand*). — 9. Le cheval, quoique peut-être aussi fort que le bœuf, est moins propre à cet ouvrage (*Buffon*).

10. Le remède parfois est pire que le mal. (LENOBLE.)
11. Ma gloire vous serait moins chère que ma vie. (RACINE.)
12. A de moindres fureurs je n'ai pas dû m'attendre. (ID.)
13. Le pire des États, c'est l'État populaire. (CORNEILLE.)
14. Le moindre solécisme en parlant vous irrite. (MOLIÈRE.)

26e EXERCICE. — *Invention.*

[Composez deux phrases dans chacune desquelles vous mettrez un adjectif au positif, deux avec l'adjectif au comparatif d'égalité, deux au comparatif d'infériorité, deux au comparatif de supériorité, et deux au superlatif. Enfin faites trois autres phrases avec les comparatifs *meilleur*, *moindre*, *pire*.]

27e EXERCICE. — *Orthographe et analyse.*

GRAMMAIRE (52 à 58). Adjectifs déterminatifs et adjectifs indéfinis.

[Copiez, puis indiquez les différentes sortes d'adjectifs déterminatifs et les adjectifs indéfinis; faites-en connaître le genre et le nombre.]

Mon Dieu. — Chaque personne. — Dix maisons. — Vos malheurs. — Cet habit. — Aucune raison. — La deuxième rue à droite. — Son audace. — Mes parents. — La dernière heure. — Plusieurs autres plantes. — Ton frère. — Pas un homme. — Ces jardins. — Ces fenêtres. — Nulle envie. — Ses hardes. — Tous les animaux. — Leurs amis. — Leur vanité. — La première année. — Les derniers beaux jours. — Notre demeure. — Quels motifs. — Certains auteurs. — Ma sottise. — Les mêmes enfants. — Quelques plumes. — Sa franchise. — Ce château. — Deux amis. — Maintes fois. — Telles coutumes. — Cette prairie. — Ta santé. — Nos dispositions. — Une raison quelconque. — Votre conduite. — Tes ressources. — Le second rang. — Nos ancêtres.

CHAPITRE IV.

PRONOM.

28e EXERCICE. — *Orthographe et analyse.*

GRAMMAIRE (59 à 73). Différentes sortes de pronoms.

[Copiez, puis désignez les différentes sortes de pronoms en indiquant le genre, le nombre et la personne.]

Voici ce que vous avez demandé. — Ce cheval est plus beau que le vôtre. — On attend quelqu'un. — Je crois que ton devoir est meilleur que le mien. — Que veux-tu? — Ceci ne me plaît pas, dit-elle aux oisillons. — Votre maison est loin de la nôtre. — Rien ne sert de courir, il faut partir à point. — Mon père m'a parlé de toi; il voudrait te voir. — Auquel des deux donnerons-nous la préférence? — Ils me connaissent, je ne les connais pas. — Votre ami est un brave garçon, chacun l'aime et le recherche. — Voici deux parts : celle-ci est la mienne, celle-là est la vôtre. — Laquelle de ces deux parts est la meilleure? — Personne n'est venu. — Quelle est cette personne à laquelle parlait votre frère? — Respectez le bien d'autrui.

29e EXERCICE. — *Invention.*

[Composez quatre phrases renfermant chacune un pronom personnel, quatre renfermant un pronom démonstratif et quatre renfermant un pronom possessif.]

30e EXERCICE. — *Orthographe et analyse.*

[Comme le 28e exercice.]

Quiconque ne pense qu'à soi n'est pas digne d'estime. — Voilà de jolies tourterelles; à qui sont-elles? Donnez-leur à manger. — J'ai vu votre frère, je lui ai parlé. — Les Français ont battu les Arabes; cependant notre armée était plus faible que la leur : aussi y a-t-il une grande différence entre nos généraux et les leurs; les nôtres sont bien plus habiles. — Celui qui me suit, dit le Seigneur, ne marche point dans les ténèbres. — Pensez-vous à l'affaire dont je vous ai parlé? J'y pense. — Séparez ces enfants qui se battent. Dites-leur que cela est bien vilain. — Plusieurs se sont nui en voulant nuire aux autres. — Comment se porte votre sœur? En avez-vous reçu des nouvelles?

Un *tiens* vaut, ce dit-on, mieux que deux *tu l'auras*.
L'un est sûr, l'autre ne l'est pas. (LA FONTAINE.)

31e EXERCICE. — *Invention.*

[Composez six phrases renfermant chacune un pronom conjonctif, et six phrases renfermant un pronom indéfini.]

CHAPITRE V.

VERBE.

32e EXERCICE. — *Orthographe et analyse.*

GRAMMAIRE (74 à 93). Verbe. Personnes et nombre; modes, temps et conjugaisons.

[Copiez, puis indiquez le verbe essentiel, les verbes attributifs, avec la personne, le nombre, le mode et le temps de chaque verbe; dites aussi à quelle conjugaison il appartient.]

1. Dieu veut que nous rendions le bien pour le mal. — 2. Je serais bien content si vous réussissiez. — 3. Aimez votre prochain comme vous-même. — 4. Je ne crois pas que tu aies fini avant midi. — 5. Nous viendrons vous prendre dès que nous aurons dîné. — 6. Ils vous auraient reçu avec plaisir, si vous étiez allé les voir. — 7. Je désirerais que vous fussiez plus attentif. — 8. Dieu a dit à la mer : tu n'iras pas plus loin. — 9. Vous doutiez que j'eusse terminé avant la nuit; vous voyez que j'ai achevé toute ma besogne. — 10. Le maître a exigé que j'apprisse ma leçon. — 11. Sois juste, aie la conscience tranquille, et tu seras heureux. — 12. Nous vous attendrions, si nous étions certains que vous vinssiez. — 13. Mon ami, venez ici, que je vous parle. — 14. Les vaisseaux russes, auxquels on avait envoyé toutes les chaloupes, se retirèrent pour n'être pas exposés quand les vaisseaux ennemis sauteraient en l'air.

33e EXERCICE. — *Invention.*

[Composez quatre phrases avec le verbe à un temps quelconque du mode indicatif, deux phrases avec le verbe au mode conditionnel, deux au mode impératif, deux au mode subjonctif et deux au mode infinitif.]

34e EXERCICE. — *Orthographe et analyse.*

[Comme le 32e exercice.]

Qui croira que l'Iliade d'Homère, ce poëme si parfait, n'ait jamais été composé par un effort du génie d'un grand poëte, et que les caractères de l'alphabet ayant été jetés en confusion, un coup de pur hasard, comme un coup de dés, ait rassemblé toutes les lettres, précisément dans l'arrangement nécessaire pour décrire, dans des vers pleins d'harmonie et de variété, tant de grands événements; pour les placer et pour les lier si bien tous ensemble; pour peindre chaque objet avec tout ce qu'il a de plus gracieux, de plus noble et de plus touchant; enfin pour faire parler chaque personne, selon son caractère, d'une manière si naïve et si passionnée? Qu'on raisonne et qu'on subtilise tant qu'on voudra, jamais on ne persuadera à un homme sensé que l'Iliade n'ait point d'autre auteur que le hasard. Cicéron en disait autant des Annales d'Ennius; et il ajoutait que le hasard ne ferait jamais un seul vers, bien loin de faire tout un poëme. Pourquoi donc cet homme sensé croirait-il de l'Univers, sans doute encore plus merveilleux que l'Iliade, ce que son bon sens ne lui permettra jamais de croire de ce poëme? *(Fénelon.)*

35e EXERCICE. — *Invention.*

[Composez quatre phrases exprimant quelque chose de bien, et quatre exprimant quelque chose de mal. Vous mettrez au mode et au temps qui vous conviendra.]

36e EXERCICE. — *Orthographe.*

GRAMMAIRE (94 à 104). Remarques sur les verbes de la première conjugaison.

[Copiez en mettant le verbe qui est entre parenthèses au temps, à la personne et au nombre indiqués par la terminaison.]

1. Ne nous (venger)... *ons* de nos ennemis qu'en faisant mieux qu'eux.

2. On (appeler)... *e* avec raison l'histoire la sage conseillère des rois (*Bossuet*).

3. La conscience (bourreler)... *e* les méchants (*Acad.*).

4. Les justes ne craignent plus ce ridicule que le monde (jeter)... *e* sur la vertu (*Massillon*).

5. Qui bon l' (acheter)... *e*, bon le boit (*Acad.*).

6. La mer (recéler)... *e* de grands trésors dans son sein (*Acad.*).

7. Le sage (régner)... *e* sur ses passions (*Id.*).

8. Il (régner)... *era* sur cette nation (*Id.*).

9. Un prince pieux se (démêler)... *e* toujours de la foule des autres princes (*Massillon*).

10. Il (exceller)... *ait* dans sa profession.

11. J' (abréger)... *erai* les délais (*Acad.*).

12. Il (payer)... *e* ses ouvriers à la semaine (*Id.*).

13. J'exige que vous me (payer)... *iez* ce que vous me devez.

14. Le renard glapit, (aboyer)... *e* et pousse un son triste (*Buffon*).

15. Le plaisir fatigue, le repos (ennuyer)... *e*, le travail occupe (*Boiste*).

16. Faut-il que nous vous en (prier)... *ions* à genoux?

17. Il (employer)... *e* tout le monde pour obtenir cette place (*Acad.*).

18. Nous (commencer)... *ons* une nouvelle race (*Massillon*).

19. Les traités faits avec un roi n' (obliger)... *aient* pas envers son successeur (*Montesquieu*).

20. Le génie de Turenne l' (appeler)... *ait* au commandement des armées (*Acad.*).

21. On s' (ennuyer)... *e* presque toujours avec ceux qu'on (ennuyer)... *e* (*La Rochefoucauld*).

22. Il (balayer)... *e* en courant les épais bataillons (*Casimir Delavigne*).

23. Je crains bien que nous n' (essuyer)... *ions* sa mauvaise humeur.

24. Il se (créer)... *e* à plaisir des difficultés (*Acad.*).

25. Ses créanciers l' (assiéger)... *ent* tous les matins dans sa maison *(Id.)*.

26. Si j' (interpréter)... *e* bien vos sentiments, voilà quel était votre dessein *(Id.)*.

27. Je (cacheter)... *e* ma lettre et je suis à vous.

28. Vous avez là un habit qui (décolleter)... *e* beaucoup *(Acad.)*.

29. Les inventions des hommes vont en (avancer)... *ant* de siècle en siècle *(Pascal)*.

30. (Ménager)... *ons* nos forces.

31. On se méfie de l'avenir en se (rappeler)... *ant* le passé *(Boiste)*.

37e EXERCICE. — *Orthographe.*

[Comme le précédent.]

1. L'intérêt (chanceler)... *e* dans les circonstances délicates; la vertu va droit au but et ne tombe pas *(Boiste)*.

2. Un si grand bonheur (racheter)... *e* bien des peines *(Acad.)*.

3. Cet orateur (enlever)... *e* son auditoire *(Acad.)*.

4. Je (compléter)... *erai* la somme *(Id.)*.

5. Servius Tullius (projeter)... *a* l'établissement d'une république *(Bossuet)*.

6. Le roi se (mêler)... *e* depuis peu de faire des vers *(Madame de Sévigné)*.

7. L'oisiveté (jeter)... *e* dans le verbiage *(Id.)*.

8. Il m'a fait un mauvais tour, mais il me le (payer)... *era* *(Acad.)*.

9. Le vent (essuyer)... *e* la terre qui a été trempée par la pluie *(Id.)*.

10. Je désire que vous (étudier)... *iez* cette leçon.

11. Nous (essayer)... *erons* nos forces.

12. Je vous connais, je sais tout ce que je m' (apprêter)... *e* *(Racine)*.

13. On détruit, on (élever)... *e*, on s'intrigue, on (projeter)... *e* *(L. Racine)*.

14. Les apothicaires (étiqueter)... *ent* leurs fioles *(Acad.)*.

15. Tout (céder)... *e* à ce redoutable conquérant (*Id.*).

16. Je vous (interpeller)... *e* de dire la vérité (*Id.*).

17. On le prit sur le fait, car on le (guetter)... *ait* (*Id.*).

18. Il s' (effrayer)... *e* de peu de chose (*Id.*).

19. Il faut que vous (essayer)... *iez* de lui plaire.

20. Nous (juger)... *ons* rarement des choses par ce qu'elles sont en elles-mêmes (*Vauvenargues*).

21. Il (appuyer)... *e* l'échelle contre le mur, et monte au milieu des flammes (*Madame de Staël*).

22. J' (appeler)... *e* un chat un chat, et Rollet un fripon (*Boileau*).

23. Les jeunes animaux se (modeler)... *ent* sur les vieux (*Buffon*).

24. Je vous ai dit cela et je vous le (répéter)... *e* (*Acad.*).

25. Celui qui (persévérer)... *era* jusqu'à la fin sera sauvé (*Id.*).

26. Si Dieu nous (protéger)... *e*, qu'avons-nous à craindre? (*Id.*).

27. Le vent (balayer)... *e* la plaine (*Id.*).

28. Je ne crois pas que nous nous (ennuyer)... *ions* à la campagne.

29. Dieu (agréer)... *e* nos offrandes (*Acad.*).

30. C'est (acheter)... *er* cher un repentir que de se ruiner pour satisfaire ses passions (*Acad.*).

31. Croyez-vous qu'en secourant les malheureux, on (acheter)... *e* le droit de les insulter? (*Massillon*).

38e EXERCICE. — *Orthographe.*

[Comme le précédent.]

1. C'est auprès de cette belle côte que s' (élever)... *e* dans la mer l'île où est bâtie la ville de Tyr (*Fénelon*).

2. La rivière (dégeler)... *e*, commence à dégeler (*Acad.*).

3. Le meurtre (s'exercer)... *ait* avec impunité (*Boileau*).

4. Thémis a vu cent fois (chanceler)... *er* sa balance (*Id.*).

5. Tout ce qui (rappeler)... *e* l'homme à son origine le (rappeler)... *e* en même temps à sa fin (*Massillon*).

6. Ne (quereller)... *ez* personne (*Acad.*).

7. Cet auteur (s'égayer)... *e* quelquefois *(Id.)*.

8. Il faut que nous (payer)... *ions* maintenant toute cette dépense.

9. (Essayer)... *ez* de tous les plaisirs, et vous verrez qu'il n'y en a pas de plus durable qu'un travail de choix et de goût *(Boiste)*.

10. Ils ne rompront pas les lois, mais ils les (ployer)... *eront* à leurs intérêts *(Fléchier)*.

11. Il l' (appuyer)... *era* de tout son crédit *(Acad.)*.

12. Cette rente a été (créer)... *ée* sur tel fonds *(Id.)*.

13. Ceux-là (effrayer)... *ent* et rebutent, ceux-ci consolent et attirent *(Fléchier)*.

14. Il a été (regretter)... *é* par tous les gens de bien *(Acad.)*.

15. Qui commence le mieux ne fait rien s'il n' (achever)... *e* *(Corneille)*.

16. Cette chambre est si froide, qu'on y (geler)... *e* *(Acad.)*.

17. Vous que mon bras (venger)... *ait* dans Lesbos enflammée *(Racine)*.

18. Les sentiments véritables ne se (suggérer)... *ent* pas, ils s'inspirent *(Boiste)*.

19. Je prendrai le parti que la circonstance me (suggérer)... *era* *(Acad.)*.

20. L'erreur et le mensonge (assiéger)... *ent* notre esprit *(L. Racine)*.

21. Je ne me (mêler)... *erai* plus de vos affaires *(Acad.)*.

22. Il m' (interpeller)... *a* d'une manière assez incivile *(Id.)*.

23. Nous (essayer)... *ons* de nous faire honneur des défauts dont nous ne voulons pas nous corriger *(La Rochefoucauld)*.

24. Vous nous demandez ce que nous faisions là : nous (essayer)... *ions* d'arrêter ces eaux.

25. Les chiens qui naissent chez les nations sauvages n' (aboyer)... *ent* pas *(Buffon)*.

26. Sur ma seule grandeur j' (arrêter)... *e* ma pensée *(Racine)*.

27. La valeur (suppléer)... *e* au nombre *(Acad.)*.

28. Ce sac doit être de mille francs, et ce qu'il y aura de moins, je le (suppléer)... *ai* *(Acad.)*.

29. Le plus charmant séjour à la fin nous (ennuyer)... *e* (*Regnard*).

30. Nous (croire *à l'imparf. de l'indic.*) que vous (employer *au même temps*) tout votre temps à ce travail.

31. Tel (exceller)... *e* à rimer qui juge sottement (*Boileau*).

39ᵉ EXERCICE. — *Orthographe.*

[Comme le précédent.]

1. L'homme s'agite et Dieu le (mener)... *e* (*Fénelon*).

2. Nous (regretter)... *ons* d'avoir mal fait; mais cela ne suffit pas, il faut mieux faire à l'avenir.

3. Les battus (payer)... *ent* l'amende (*Acad.*).

4. Les hommes avides de domination se (ployer)... *ent* à toutes les formes pour mieux s'insinuer entre les partis (*Boiste*).

5. Le mauvais état de ses affaires (obliger)... *ait* ce prince à cette démarche (*Voltaire*).

6. Je ne vous (celer)... *erai* pas qu'il m'a parlé (*Acad.*).

7. Ce sont deux pigeons qui se (becqueter)... *ent* (*Id.*).

8. Il n'est point de secret que le temps ne (révéler)... *e* (*Racine*).

9. Le plafond ne trouve plus rien qui l' (étayer)... *e* (*La Fontaine*).

10. Les méchants (s'appuyer)... *ent* les uns sur les autres plus souvent que les bons (*Boiste*).

11. Qu'aviez-vous tout à l'heure? vous (crier, *à l'imparf. de l'indic.*) bien fort!

12. Le poëte (s'égayer)... *e* en mille inventions (*Boileau*).

13. Rien n' (abréger)... *e* le temps comme le travail, la variété des occupations (*Acad.*).

14. L'adulateur (prêter)... *e* aux grands les qualités qui leur manquent (*Massillon*).

15. Dieu (appeler)... *a* les eaux pour punir la terre couverte de crimes (*Bossuet*).

16. Sa proposition fut (agréer, *au participe passé*) (*Acad.*).

17. Jamais le sentiment de nos faiblesses ne doit nous (jeter)... *er* dans le découragement (*Vauvenargues*).

18. Sur quoi (appuyer)... *ez*-vous ce que vous dites? (*Acad.*).

19. C'est d'instinct que les peuples les plus grossiers se (créer)... *ent* un langage soumis à des règles (*Cuvier*).

20. C'est là qu'on voit errer les taureaux qui mugissent, les brebis qui (bêler)... *ent* avec leurs tendres agneaux bondissant sur l'herbe (*Fénelon*).

21. Les hommes (s'ennuyer)... *ent* enfin des choses qui les ont charmés dans le commencement (*La Bruyère*).

22. Les bons ou les mauvais succès nous enflent ou nous (inquiéter)... *ent* (*Fléchier*).

23. Il (geler)... *e* en Suède dès le mois d'octobre, sans aucune de ces gradations insensibles qui (amener)... *ent* ailleurs les saisons (*Voltaire*).

24. La raison pour marcher n'a souvent qu'une voie,
Pour peu qu'on s'en écarte aussitôt on (se noyer)... *e*. (BOILEAU.)

25. Sur qui, dans son malheur, voulez-vous qu'il (s'appuyer)... *e* ?
Ses larmes n'auront plus de main qui les (essuyer)... *e*. (RACINE.)

26. En vain vous espérez qu'un Dieu vous le (renvoyer)... *e*.
Et l'avare Achéron (1) ne lâche point sa proie. (ID.)

27. Ne (jeter)... *ons* pas la pierre aux gens ;
Excusons leurs défauts, n'avons-nous pas les nôtres ? (ARNAULT.)

28. Un lièvre en son gîte (songe)... *ait*
Car, que faire en un gîte, à moins que l'on ne songe?
Dans un profond ennui ce lièvre se (plonger)... *ait* :
Cet animal est triste, et la crainte le ronge. (LA FONTAINE.)

29. .... La satire et l'envie
Jusqu'à son dernier jour (harceler)... *ent* le génie. (VIGÉE.)

30. .... Si l'on ne (persévérer)...*e*,
Jamais de ses travaux on n'attend le salaire. (L. RACINE.)

40e EXERCICE. — *Invention.*

[Composez dix phrases, dans chacune desquelles vous ferez entrer un des verbes signalés dans les paragraphes 94 à 104 de la Grammaire.]

41e EXERCICE. — *Orthographe.*

GRAMMAIRE (105 à 110). Remarques sur la 2e, la 3e et la 4e conjugaison.

[Mettez le verbe entre parenthèses au temps indiqué.]

1. Les lettres étaient alors très- (fleurir, *au participe présent* ou plutôt à l'adjectif verbal en *ant*) (*Acad.*).

2. Si j'espère beaucoup, je (craindre, *au prés. de l'indic.*) aussi beaucoup (*Corneille*).

(1) Dans *Achéron*, le *ch* se prononce comme dans *chérir*.

3. Je ne (haïr, *au prés. de l'indic.*) pas les longs détails (*Acad.*).

4. Dieu (permettre, *au prés. de l'indic.*) le mal, mais il n'est jamais auteur du mal (*Acad.*).

5. Je ne réclame que ce qui m'est (devoir, *au participe passé*) (*Acad.*).

6. Le bois qu'on brûle se (résoudre, *au prés. de l'indic.*) en cendre et en fumée (*Acad.*).

7. Que (bénir, *au participe passé*) soit le jour qui te rend à mes vœux! (*Racine*).

8. Dans un siècle où (fleurir, *au prés. de l'ind.*) les arts (*Acad.*).

9. Les intrigants, les factieux se (haïr, *au prés. de l'indic.*) même en s'entr'aidant (*Boiste*).

10. Mon Dieu, je (combattre, *au passé indéfini*) soixante ans pour ta gloire (*Voltaire*).

11. Je (combattre, *au prés. de l'indic.*) pour la défense de mon pays.

12. Nous lui rendrons tous les honneurs qui lui sont (devoir, *au participe passé, masculin pluriel*).

13. Cet empire (fleurir, *à l'imparf. de l'indic.*) encore par ses anciennes lois (*Acad.*).

14. Il prit un rameau de buis sec trempé dans l'eau (bénir, *au participe passé*) (*Lamartine*).

15. Faites du bien aux hommes et vous serez (bénir, *au participe passé, masculin singulier*) : voilà la vraie gloire.

16. Mais le roi qui le (haïr, *au prés. de l'indic.*) veut que je le (haïr, *au présent du subjonctif*) (*Racine*).

17. Plus nous (haïr, *au prés. de l'indic.*) les autres, plus nous nous (haïr, *au prés. de l'indic.*) nous-mêmes (*Boiste*).

18. Au sentiment de sa faiblesse, l'homme (joindre, *au prés. de l'indic.*) le sentiment de ses besoins (*Montesquieu*).

19. Sans vous parer pour lui d'une foi qui m'est (devoir, *au participe passé, féminin*) (*Racine*).

20. Il n'a fait que ce que la loi lui (permettre, *à l'imparf. de l'indic.*) (*Acad.*).

21. Je vous (permettre, *au prés. de l'indic.*) de sortir.

22. Ronsard (fleurir, *à l'imparf. de l'indic.*) en France à la fin du seizième siècle *(Acad.)*.

23. Les étrangers accouraient dans ce pays *(adjectif verbal en* ant *dérivant de* fleurir) par l'industrie, les arts et les sciences *(Boniface)*.

24. On croit quelquefois haïr la flatterie, mais on ne (haïr, *du présent de l'indic.*) que la manière de flatter *(La Rochefoucauld)*.

25. Qui vit (haïr, *au participe passé*) de tous ne saurait longtemps vivre *(Corneille)*.

26. Je suis, quand je m'y (mettre, *au prés. de l'indic.*) plus têtu qu'une mule *(Regnard)*.

27. (Mettre, *à l'impératif,* 1re *personne du pluriel*) bas toute feinte *(Molière)*.

28. Les drapeaux furent (bénir, *au participe passé, masc. pluriel*) par l'archevêque.

29. Les princes qui ne (se croire, *au présent de l'indic.*) placés sur le trône que pour faire du bien à l'humanité, sont (bénir, *au participe passé, masc. pluriel*) de Dieu et des hommes *(Beauzée)*.

30. Celui qui (craindre, *au prés. de l'indic.*) Dieu ne (craindre, *id.*) que lui *(Boiste)*.

31. L'Italie, favorisée du ciel, est la seule contrée qui (fleurir, *au passé du subjonctif*) deux fois, sous Auguste et sous Léon X *(Boiste)*.

32. Arrêtez, à ses mœurs votre respect est (devoir, *partic. passé, masc. sing.*)
La vertu dans les fers est toujours la vertu. (Gresset.)

42e EXERCICE. — *Invention.*

[Composez dix phrases dans chacune desquelles vous ferez entrer un des verbes signalés dans les paragraphes 105 à 110 de la Grammaire.]

43e EXERCICE. — *Orthographe et analyse.*

Grammaire (125 et 126). Sujet du verbe.

[Copiez, puis indiquez le sujet de chaque verbe.]

Tous les animaux qui aiment la chair, et qui ont de la force et des armes, chassent naturellement : le lion, le tigre, dont la force est si grande qu'ils sont sûrs de vaincre, chassent seuls et sans art ; les loups, les renards, les chiens sauvages, se réunissent, s'entendent, s'aident, se relayent et partagent la proie ; et lorsque l'éducation a perfectionné ce talent naturel dans le chien domestique, lorsqu'on lui a appris à réprimer son ardeur, à mesurer ses mouvements, qu'on l'a accoutumé à une marche régulière et à l'espèce de discipline nécessaire à cet art, il chasse avec méthode et toujours avec succès.

Dans les pays déserts, dans les contrées dépeuplées, il y a des chiens sauvages qui, pour les mœurs, ne diffèrent des loups que par la facilité qu'on trouve à les apprivoiser ; ils se réunissent aussi en plus grandes troupes pour chasser et attaquer en force les sangliers, les taureaux sauvages, et même les lions et les tigres. En Amérique, ces chiens sauvages sont de race anciennement domestique ; ils y ont été transportés d'Europe, et quelques-uns ayant été oubliés ou abandonnés dans ces déserts, s'y sont multipliés au point qu'ils se répandent par troupes dans les contrées habitées où ils attaquent le bétail et insultent même les hommes *(Buffon)*.

44e EXERCICE. — *Orthographe et analyse.*

[Comme le précédent.]

On est donc obligé d'écarter ces chiens par la force, et de les tuer comme les autres bêtes féroces ; et les chiens sont tels en effets, tant qu'ils ne connaissent pas les hommes ; mais lorsqu'on les approche avec douceur, ils s'adoucissent, deviennent bientôt familiers, et demeurent fidèlement attachés à leurs maîtres ; au lieu que le loup, quoique pris jeune et élevé dans les maisons, n'est doux que dans le premier âge, ne perd jamais son goût pour la proie, et se livre tôt ou tard à son penchant pour la rapine et la destruction.

L'on peut dire que le chien est le seul animal dont la fidélité soit à l'épreuve ; le seul qui connaisse toujours son maître et les amis de la maison ; le seul qui, lorsqu'il arrive un inconnu, s'en aperçoive ; le seul qui entende son nom et qui reconnaisse la voix domestique; le seul qui ne se confie point à lui-même; le seul qui, lorsqu'il a perdu son maître et qu'il ne peut le trouver, l'appelle par ses gémissements; le seul qui, dans un voyage long qu'il n'aura fait qu'une fois, se souvienne du chemin et retrouve la route; le seul enfin dont les talents naturels soient évidents et l'éducation toujours heureuse. (*Buffon.*)

45e EXERCICE. — *Invention.*

[Complétez les phrases suivantes en donnant à chaque verbe un sujet convenable.]

1. ... est composée de douze mois. — 2. ... nous donne sa lumière et sa chaleur. — 3. ... est la capitale de la France. — 4. ... font du miel et de la cire; ... travaillent sous les ordres d'une reine. — 5. ... Que dis- ..., que veux- ... — 6. Celui ... n'étudie pas ne saura jamais rien. — 7. ... faut obéir à ses parents. — 8. ... suis jeune, et ... ne puis pas dire qu'un jour ... serai vieux. — 9. Après notre mort, ... paraîtrons tous devant le tribunal de Dieu. — 10. Si ... avez le vilain défaut de mentir, ... ne vous croira pas, même lorsque ... direz la vérité.

46e EXERCICE. — *Orthographe et analyse.*

GRAMMAIRE (127 et 128). Accord du verbe avec son sujet.

[Dites pourquoi les verbes du 43e exercice sont de tel nombre et à telle personne.]

47e EXERCICE. — *Invention.*

[Composez dix phrases, savoir : cinq dans lesquelles le sujet sera du singulier, et cinq dans lesquelles il sera du pluriel.]

48e EXERCICE. — *Orthographe et analyse.*

GRAMMAIRE (129 à 134). Verbe transitif, complément direct, complément indirect et complément circonstanciel.

[Copiez, puis indiquez les verbes transitifs et leurs compléments.]

Passage des Alpes par François Ier.

On part; un détachement reste et se fait voir sur le mont Genis et le mont Genèvre, pour inquiéter les Suisses et leur faire craindre une attaque. Le reste de l'armée passe à gué la

Durance, et s'engage dans les montagnes, du côté de Guillestre; trois mille pionniers la précèdent. Le fer et le feu lui ouvrent une route difficile et périlleuse à travers les rochers; on remplit des vides immenses avec des fascines et de gros arbres; on bâtit des ponts de communication; on traîne, à force d'épaules et de bras, l'artillerie dans quelques endroits inaccessibles aux bêtes de somme: les soldats aident les pionniers; les officiers aident les soldats; tous indistinctement manient la pioche et la cognée, poussent aux roues, tirent les cordages. On gravit sur les montagnes; on fait des efforts plus qu'humains; on brave la mort qui semble ouvrir mille tombeaux dans ces vallées profondes que l'Argentière arrose, et où des torrents de glaces et de neiges fondues par le soleil se précipitent avec un fracas épouvantable.

49e EXERCICE. — *Orthographe et analyse.*

[Suite du précédent.]

On ose à peine les regarder de la cime des rochers sur lesquels on marche en tremblant par des sentiers étroits, glissants et raboteux, où chaque faux pas entraîne une chute, et d'où l'on voit souvent rouler au fond des abîmes et les hommes et les bêtes avec toute leur charge. On arriva enfin à une dernière montagne où l'on vit avec douleur tant de travaux et tant d'efforts près d'échouer. La sape et la mine avaient renversé tous les rochers qu'on avait pu aborder et entamer; mais que pouvaient-elles contre un seule roche vive, escarpée de tous côtés, impénétrable au fer, presque inaccessible aux hommes? Navarre, qui l'avait plusieurs fois sondée, commençait à désespérer du succès, lorsque des recherches plus heureuses lui découvrirent une veine plus tendre, qu'il suivit avec la dernière précision. Le rocher fut entamé par le milieu, et l'armée, introduite au bout de huit jours dans le marquisat de Saluces, admira ce que peuvent l'industrie, l'audace et la persévérance. (*Gaillard.*)

50e EXERCICE. — *Invention.*

GRAMMAIRE (135, 136). Verbe passif.

[Tournez par le passif tous les verbes transitifs du 48e exercice;

par exemple : *Un détachement* est vu *sur le mont Cenis et sur le mont Genèvre.*]

51ᵉ EXERCICE. — *Orthographe et analyse.*

GRAMMAIRE (137 à 139). Verbe intransitif.

[Copiez, puis indiquez les verbes transitifs, les verbes passifs, et les verbes intransitifs, ainsi que les divers compléments de ces verbes.]

Un ouragan à l'Ile-de-France.

Un de ces étés qui désolent de temps à autre les terres situées entre les tropiques, vint étendre ici ses ravages. C'était vers la fin de décembre, lorsque le soleil, au Capricorne, échauffe pendant trois semaines l'Ile-de-France de ses feux verticaux. Le vent du sud-est, qui y règne presque toute l'année, n'y soufflait plus. De longs tourbillons de poussière s'élevaient sur les chemins et restaient suspendus en l'air. La terre se fendait de toutes parts; l'herbe était brûlée; des exhalaisons chaudes sortaient du flanc des montagnes, et la plupart de leurs ruisseaux étaient desséchés. Aucun nuage ne venait du côté de la mer. Seulement, pendant le jour, des vapeurs rousses s'élevaient de dessus les plaines, et paraissaient, au coucher du soleil, comme les flammes d'un incendie. La nuit même n'apportait aucun rafraîchissement à l'atmosphère embrasée. L'orbe de la lune, tout rouge, se levait dans un horizon embrumé, d'une grandeur démesurée. Les troupeaux abattus sur les flancs des collines, le cou tendu vers le ciel, aspirant l'air, faisaient retentir les vallons de tristes mugissements; le Cafre même qui les conduisait, se couchait sur la terre, pour y trouver de la fraîcheur.

52ᵉ EXERCICE. — *Orthographe et analyse.*

[Suite de l'exercice précédent.]

Partout le sol était brûlant, et l'air étouffant retentissait du bourdonnement des insectes, qui cherchaient à se désaltérer dans le sang des hommes et des animaux. Cependant ces chaleurs excessives élevèrent de l'Océan des vapeurs qui couvrirent l'île comme un vaste parasol. Les sommets des montagnes les rassemblaient autour d'eux, et de longs sillons de feu sortaient de temps en temps de leurs pitons embrumés. Bientôt des tonnerres affreux firent retentir de leurs éclats, les bois, les plaines et les vallons : des pluies épouvantables, semblables à des cataractes, tombèrent du ciel. Des torrents écumeux se précipitaient le long des flancs de cette montagne : le fond de ce bassin était devenu une mer; le plateau où sont assises les cabanes, une petite île; et l'entrée de ce vallon, une écluse par où sortaient pêle-mêle, avec des eaux mugissantes, les terres, les arbres et les rochers. Sur le soir la pluie cessa, le vent alisé du sud-est reprit son cours ordinaire; les nuages orageux furent jetés vers le nord-ouest, et le soleil couchant parut à l'horizon (*Bernardin de Saint-Pierre*).

53e EXERCICE. — *Invention.*

GRAMMAIRE (140, 141). Verbe interrogatif.

[Composez dix phrases renfermant le verbe sous la forme interrogative.]

54e EXERCICE. — *Analyse.*

GRAMMAIRE (142 et 143). Verbes pronominaux.

[Indiquez tous les verbes pronominaux ainsi que leurs compléments dans les exercices 43, 44, 48, 51 et 52. Dites en outre si ces verbes sont accidentellement ou essentiellement pronominaux.]

55e EXERCICE. — *Invention.*

GRAMMAIRE (144 et 145). Verbes impersonnels.

[Composez dix phrases renfermant chacune un verbe impersonnel.]

CHAPITRE VI.

PARTICIPE.

56e EXERCICE. — *Orthographe et analyse.*

GRAMMAIRE (146 à 148). Distinction du participe présent et de l'adjectif verbal.

[Copiez, puis dites si le mot en *ant* est participe présent ou adjectif verbal, et pourquoi.]

1. J'ai vu des troupeaux errant dans la prairie. — 2. Les hommes errants, les vagabonds inspirent une juste défiance.

— 3. Les eaux courantes sont bien plus saines que les eaux des étangs. — 4. Les eaux courant vers la mer vont s'y perdre. — 5. Ils avaient les yeux pénétrants. — 6. Nous les surprîmes pénétrant dans des souterrains. — 7. Il faut punir tous les subordonnés se révoltant contre leurs chefs. — 8. Ces gens-là tiennent des propos révoltants. — 9. Des étendards flottants annoncèrent la prise de la citadelle. — 10. Ces malheureux, flottant entre la crainte et l'espérance, semblaient invoquer un prompt trépas. — 11. J'ai vu ces dames endurant le froid avec beaucoup de courage. — 12. Elles n'étaient pas endurantes, quand on cherchait à les railler.

57e EXERCICE. — *Invention.*

[Composez de petites phrases dans lesquelles vous ferez entrer les mots suivants, d'abord comme participes présents, puis comme adjectifs verbaux.]

Vivant.	Affligeant.
Riant.	Tremblant.
Étonnant.	Effrayant.

58e EXERCICE. — *Orthographe et analyse.*

GRAMMAIRE (149, 150). Participe passé.

[Copiez, puis indiquez les participes passés, les participes présents et les adjectifs verbaux.]

Qu'elle est belle cette nature cultivée ! Que par les soins de l'homme elle est brillante et pompeusement parée ! Il en fait lui-même le principal ornement; il met au jour, par son art, tout ce qu'elle recélait dans son sein ; que de trésors ignorés, que de richesses nouvelles ! Les fleurs, les fruits, les grains perfectionnés, multipliés à l'infini ; les espèces utiles d'animaux transportées, propagées, augmentées sans nombre ; les espèces nuisibles réduites, confinées, reléguées ; l'or et le fer, plus nécessaire que l'or, tirés des entrailles de la terre ; les torrents contenus ; les fleuves dirigés, resserrés ; la mer même soumise, reconnue, traversée d'un hémisphère à l'autre ; la terre accessible partout, partout rendue aussi vivante que féconde ; dans les vallées de riantes prairies, dans les plaines de riches pâturages ou des moissons encore plus riches ; les collines chargées de vignes et de fruits, leurs sommets couronnés d'arbres utiles et de jeunes forêts; les déserts devenus des cités habitées par un peuple immense qui, circulant sans cesse, se répand de ses centres jusqu'aux extrémités; des routes ouvertes et fréquentées, des communications établies partout comme autant de témoins de la force et de l'union de la société : mille autres monuments de puissance et de gloire démontrent assez que l'homme, maître du domaine de la terre, en a changé, renouvelé la surface entière, et que de tout temps il en partage l'empire avec la nature (*Buffon*).

59e EXERCICE. — *Invention.*

[Composez douze petites phrases dans lesquelles vous ferez entrer le participe passé masculin d'un des verbes suivants. Vous emploierez ce participe passé comme verbe ou comme adjectif, à votre choix.]

Commencer	Lire	Défendre
Écrire	Employer	Craindre
Payer	Punir	Ouvrir
Finir	Apercevoir	Connaître

CHAPITRE VII.

ADVERBE.

60e EXERCICE. — *Analyse.*

GRAMMAIRE (151 à 153). Adverbes et locutions adverbiales.

[Indiquez les adverbes et les locutions adverbiales dans les exercices 43, 44, 48 et 49.]

61e EXERCICE. — *Invention.*

[Composez douze phrases dans chacune desquelles vous emploierez un adverbe ou une locution adverbiale.]

CHAPITRE VIII.

PRÉPOSITION.

62e EXERCICE. — *Analyse.*

GRAMMAIRE (154 à 156). Prépositions et locutions prépositives.

[Indiquez les prépositions et les locutions prépositives dans les exercices 48, 49, 51 et 52. Indiquez aussi les adverbes et les locutions adverbiales dans le 51e et le 52e exercice.]

63e EXERCICE. — *Invention.*

[Composez douze phrases dans chacune desquelles vous emploierez une préposition ou une locution prépositive.]

CHAPITRE IX.

CONJONCTION.

64e EXERCICE. — *Analyse.*

GRAMMAIRE (157 à 159). Conjonctions et locutions conjonctives.

[Indiquez les conjonctions, les adverbes, les prépositions, ainsi que les locutions conjonctives, adverbiales ou prépositives dans le 32e et le 34e exercice.]

65e EXERCICE. — *Invention.*

[Composez douze phrases dans chacune desquelles vous emploierez une conjonction ou une locution conjonctive.]

CHAPITRE X.

INTERJECTION.

66e EXERCICE. — *Orthographe et analyse.*

GRAMMAIRE (160 et 161). Interjections.

[Copiez, puis indiquez les interjections et tous les mots invariables.]

1. Ah! que vois-je? n'est-ce pas Ulysse? (*Fénelon*). — 2. Oh! s'il m'eût attaqué dans ma force! (*Id.*). — 3. Hé! ne m'avais-tu pas promis cent et cent fois, dans mon antre de Thessalie, de te modérer quand tu serais au siége de Troie? (*Id.*). — 4. Hélas! dit-il, cette consolation même ne m'est plus permise! (*Id.*). — 5. Adieu donc, fontaines qui me fûtes si amères! (*Id.*). — 6. O Hippias, Hippias, je ne te verrai plus! (*Id.*).

7. Oh! dame! on ne court pas deux lièvres à la fois. (RACINE.)
8. Ma foi! sur l'avenir bien fou qui se fiera. (ID.)
9. Ma robe vous fait honte, un fils de juge, ah! fi! (ID.)

10. Ouf! je me sens déjà pris de compassion. (ID.)
11. Paix! silence! il me vient un surcroît de pensée. (REGNARD.)
12. Miracle! criait-on : venez voir dans les nues
Passer la reine des tortues. (LA FONTAINE.)

CHAPITRE XI.

ORTHOGRAPHE.

67e EXERCICE. — *Orthographe et dérivation des mots.*

GRAMMAIRE (162 et 163). Finales des mots.

[Écrivez les noms et les adjectifs qui ont pour dérivés les mots suivants; par exemple *Accorder — accord.*]

Abriter, absoute, abuser, accorder, acquitter, artiste, aviser, bâter, bondir, border, bourgeoisie, briser, célibataire, champêtre, chanter, courtoisie, darder, débuter, dépiter, déposer, diffusion, disposer, dissoute, doigter, draper, échafaudage, éclater, entreposer, excessif, exploiter, famine, farder, finir, fusiller, galoper, goûter, hasarder, intéresser, larder, lambrisser, lasser, légation, loterie, matelasser, magistrature, mignardise, parfumer, pavoiser, plomber, poignarder, poterie, préciser, profiter, progressif, ranger, refuser, relayer, reposer, sanguinaire, tamiser, tapisser, trépasser, vernisser, visser.

68e EXERCICE. — *Orthographe et invention.*

GRAMMAIRE (164). Mots en *eur*.

[Composez douze petites phrases dans chacune desquelles vous emploierez un des mots suivants.]

Candeur	Faveur	Odeur
Couleur	Fureur	Pâleur
Douleur	Horreur	Terreur
Erreur	Lenteur	Vapeur

[Mettez à la suite de chacun des mots suivants sa signification, d'après le dictionnaire.]

Beurre, chantepleure, demeure, heure, leurre, la majeure, la mineure.

69e EXERCICE. — *Orthographe et dérivation des mots.*

GRAMMAIRE (165). Noms féminins en *té*, *tée* et *ée*.

[Écrivez les noms féminins terminés en *té*, en *tée* ou *ée* qui dérivent des mots suivants.]

Absurde, actif, agile, antique, aride, arriver, assembler, atroce, brutal, captif, célèbre, cher, chrétien, complice, convexe, cordial, cupide, dense, dérober, dicter, difforme, durer, efficace, élastique, enjamber, énorme, entrer, équitable, éternel, facile, fatal, faux, fécond, fertile, fier, flexible, fluide, fricasser, frivole, fertile, gai, généreux, grave, hostile, humain, impétueux, incapable, inégal, inique, intègre, jeter, légal, lever, libre, loyal, malin, mendiant, mineur, modique, monstrueux, monter, naïf, net, neutre, oisif, perplexe, pieux, pincer, porter, précoce, prodigue, puéril, ranger, rapace, réciproque, régulier, renommer, rigide, rustique, sagace, salubre, sensuel, sinueux, sobre, stable, suave, sourd, téméraire, traverser, vain, vif, voler.

70e EXERCICE. — *Orthographe et sens des mots.*

GRAMMAIRE (166 et 167). Terminaisons *xion, ction, ension* et *ention.*

[Copiez les mots suivants et mettez à la suite de chacun d'eux sa signification d'après le dictionnaire (1).]

Action, affection, annexion (2), appréhension, ascension, attention, attraction, coction, complexion, compréhension, connexion, construction, convention, correction, décoction, détention, diction, dimension, dissension, distinction, effraction, exaction, expansion, extension, extinction, extraction, fiction, flexion, fluxion, friction, génuflexion, inflexion, insurrection, intention, interdiction, intervention, jonction, mention, mixtion, onction, pension, perfection, préfixion, prévention, propension, réflexion, répréhension, sanction, section, séduction, subvention, succion, suspension, tension.

71e EXERCICE. — *Orthographe et dérivation.*

GRAMMAIRE (168). Mots terminés en *ment.*

[Écrivez les noms en *ment* qui dérivent des verbes suivants.]

Abaisser, abattre, aboyer, abonner, abrutir, accabler,

---

(1) Le maître pourra dicter ces mots, en donner la signification et la faire répéter de vive voix, puis la faire écrire de mémoire.

(2) Ce mot ne se trouve point dans le Dictionnaire de l'Académie, ni dans la plupart des dictionnaires à l'usage des classes; il n'en est pas moins français : c'est un terme de liturgie, qui signifie *union.*

accomplir, accroître, affaiblir, affermir, aligner, appauvrir, applaudir, assortir, assoupir, avancer, avertir, aveugler, changer, châtier, commencer, complimenter, consentir, contenter, couronner, déguiser, emporter, entendre, isoler, juger, loger, médicamenter, sentir, serrer, signaler, soulever, tester, tressaillir, vêtir.

[Écrivez les adverbes formés des adjectifs suivants.]

Abondant, bon, conséquent, cru, décent, différent, éloquent, fier, fréquent, gracieux, gras, habile, impératif, impérieux, imperturbable, impudent, impuni, lent, méchant, négligent, obligeant, patient, poli, propre, prudent, récent, sage, savant, véhément, vilain, violent.

72e EXERCICE. — *Orthographe et sens de mots.*

GRAMMAIRE (169). Mots en *ant* ou en *ent* qui répondent à un verbe.

[Remplacez les points, suivant le sens, par l'adjectif, le participe présent ou l'adjectif verbal qui répond au verbe placé en tête de l'alinéa.]

1. *Adhérer.* Vous vous ferez bien venir de lui en ... à ses fantaisies. — Dans l'homme et dans les animaux, l'épiderme est partout ... à la peau (*Buffon*).

2. *Affluer.* La Marne est un ... de la Seine. — Les vivres, en ... dans la ville, relevèrent les forces et le courage des assiégés.

3. *Différer.* En ... cette démarche vous crompromettez vos intérêts. — Son avis est bien ... du vôtre.

4. *Exceller.* Vous entendrez un musicien ... — Ce musicien s'est fait une grande réputation en ... — dans son art.

5. *Expédier.* Il faut trouver quelque ... pour sortir d'affaire. — Nous trouvâmes le général ... des ordres de tous les côtés.

6. *Compéter.* Cette affaire ne ... point à tel tribunal a été renvoyée à tel autre. — Il n'est pas juge ... de cette matière (*Acad.*).

7. *Négliger.* Cet écolier est le plus ... de sa classe (*Acad.*). — C'est un paresseux, ne sachant jamais ses leçons, et ... tous ses devoirs.

8. *Précéder*. Citez un ... (*Acad.*). — Vous marcherez devant, nous ... toujours de quelques pas.

9. *Présider*. Adressez-vous au ... de l'assemblée. — Il a satisfait tout le monde en ... l'assemblée avec une grande impartialité.

10. *Résider*. Il n'a pas la qualité d'ambassadeur, il n'a que celle de ... (*Acad.*). — C'est le lieu où il est ... (*Id.*).

11. *Violer*. Croyez-vous, en ... ainsi les droits les plus sacrés, vous attirer l'estime de vos concitoyens? — Il fait un vent ....

73e EXERCICE. — *Orthographe et sens de mots.*

GRAMMAIRE (170 et 171). Verbes en *eindre, aindre, endre* et *andre;* noms dérivés de ces verbes.

[Copiez les mots suivants et donnez-en la signification d'après le dictionnaire.]

Apprendre, atteindre, attendre, attente, ceindre, ceinture, comprendre, compréhension, contraindre, contrainte, craindre, crainte, défendre, défense, dépeindre, dépendre, dépendance, déteindre, descendre, descente, enceindre, enceinte, enfreindre, entendre, entente, entreprendre, épandre, étendre, étendue, étreindre, étreinte, feindre, feinte, fendre, fente, méprendre, peindre, peinture, pendre, pendaison, pente, plaindre, plainte, pourfendre, prendre, prétendre, prétention, redescendre, refendre, rendre, restreindre, revendre, sous-entendre, suspendre, suspension, teindre, teinture, tendre, tente, vendre, vente.

74e EXERCICE. — *Orthographe et dérivation.*

GRAMMAIRE (172). Mots dérivés de verbes en *quer.*

[Écrivez les noms et les adjectifs dérivant des verbes suivants et qui changent *qu* en *c* devant *a* ou qui gardent les lettres *qu* aussi devant *a.*]

Abdiquer, appliquer, attaquer, choquer, communiquer, compliquer, confisquer, convoquer, critiquer, croquer, débarquer, défalquer, embarquer, embusquer, évoquer, fabriquer, indiquer, invoquer, manquer, marquer, parquer, plaquer, pratiquer, prévariquer, provoquer, remarquer, revendiquer, révoquer, risquer, suffoquer, trafiquer, vaquer.

75e EXERCICE. — *Invention.*

GRAMMAIRE (173 et 174). Voyelles nasales devant *b*, *m*, *p*. Lettre *q* devant *i* ou *y*.

[Composez des phrases renfermant chacune un des mots suivants :]

Ambitieux	Bonbon	Gilet
Embarras	Bonbonnière	Gigot
Emmener	Embonpoint	Agile
Impiété	Néanmoins	Gymnastique
Combat	Nous vînmes	J'invite
Compagnon	Nous tînmes	J'insiste
Humble	Gibet	J'ignore.

76e EXERCICE. — *Orthographe.*

GRAMMAIRE (175, 176 et 177). Réduplication des consonnes *b*, *d*, *e*, *f* et *g*.

[Copiez les exemples du paragraphe 175; écrivez ensuite, d'après le dictionnaire, cinq mots commençant par *acc* et cinq par *occ*, ajoutez à la suite les exceptions indiquées dans le paragraphe 176. Écrivez de même dix mots commençant par *aff*, dix par *eff*, cinq par *diff*, cinq par *off*, cinq par *suff*, et cinq par *souff*, ainsi que les exceptions indiquées au paragraphe 177.]

77e EXERCICE. — *Orthographe.*

GRAMMAIRE (177). Réduplication des consonnes *l*, *m*, *r*, *t*.

[Écrivez six mots commençant par *ill*, autant par *comm*, autant par *imm*, par *corr*, par *irr* et par *att*; ajoutez à la suite de chacune de ces séries les exceptions signalées dans le paragraphe 177.]

78e EXERCICE. — *Orthographe et sens des mots.*

GRAMMAIRE (178). Réduplication de la consonne *s*.

[Écrivez les mots suivants, donnez-en la signification d'après le dictionnaire, et lorsque la consonne *s* est entre deux voyelles, dites si elle se prononce comme un *z* ou comme deux *s*.]

Agression, aisance, angoisse, bassesse, comparaison, compassion, décision, délicatesse, désintéressement, désuétude, dissension, entre-sol, fausseté, grossièreté, hardiesse, havresac, issue, largesse, malaise, mollesse, monosyllabe, nécessité, parasol, persuasion, polysyllabe, présence, préséance, pressentiment, présupposer, profusion, reconnaissance, ressentiment, réussite, ruse, soubresaut, tournesol, tracasserie, vicissitude, vraisemblable, vraisemblance.

79e EXERCICE. — *Orthographe.*

GRAMMAIRE (180). Emploi des majuscules.

[Copiez et mettez les majuscules partout où elles sont nécessaires.]

1. parmi les nations les plus éclairées et les plus sages (les grecs et les romains), le crime était adoré et reconnu nécessaire au culte des dieux (*bossuet*). — 2. c'est dieu qui a créé le monde. — 3. le navigateur portugais magellan fit le premier le tour du monde. — 4. les portugais ont de grandes possessions en afrique sur les côtes de mozambique et dans la guinée méridionale. — 5. la providence sait ce qu'il nous faut mieux que nous. — 6. cet auteur est la providence des libraires (*acad.*) — 7. dans cet événement extraordinaire, il est impossible de ne pas reconnaître la main du tout-puissant. 8. le duc de luynes était alors tout-puissant auprès de louis XIII. — 9. l'univers découvre dans toutes ses parties l'art suprême de l'ouvrier qui l'a formé (*fénelon*). — 10. des bouts de l'univers quel destin nous rassemble? (*casimir delavigne*). — 11. le soleil occupe le centre de notre système planétaire; plus de vingt planètes tournent autour de lui; les principales sont dans l'ordre de leur distance au soleil : mercure, vénus, la terre, accompagnée de la lune, mars, jupiter, saturne, uranus et neptune. — 12. c'est par un effet de la providence divine que nulle terre ne porte tout ce qui sert à la vie humaine (*fénelon*). — 13. qui a dit au soleil : « sortez du néant, et présidez au jour? » et à lune : « paraissez, et soyez le flambeau de la nuit? » (*massillon*).

14. ne dis plus, ô jacob, que ton seigneur sommeille,
pécheurs, disparaissez, le seigneur se réveille. (RACINE.)
15. et je sens de ses fers mon esprit détaché,
comme si du très-haut le bras m'avait touché. (LAMARTINE.)
16. là, sur des tas poudreux de sacs et de pratique,
hurle tous les matins une sybille étique :
on l'appelle chicane, et ce monstre odieux
jamais pour l'équité n'eut d'oreilles ni d'yeux,

la disette au teint blême et la triste famine,
les chagrins dévorants et l'infâme ruine,
enfants infortunés de ses raffinements,
troublent l'air d'alentour de longs gémissements. (BOILEAU.)

80e EXERCICE. — *Orthographe et analyse.*

GRAMMAIRE (182 à 185). Accents et tréma.

[Copiez tous les mots qui sont donnés comme exemples dans les paragraphes 182 à 185, dites quelle est l'espèce de chacun de ces mots, et ajoutez aux noms et aux adjectifs leur signification d'après le dictionnaire.]

81e EXERCICE. — *Orthographe.*

GRAMMAIRE (186 à 198). Apostrophe, trait d'union, trait de séparation, guillemets, parenthèse.

[Copiez tous les mots et toutes les phrases qui servent d'exemples dans les paragraphes 186 à 198. Donnez aussi la signification des noms *ouate, uhlan, yacht, yatagan, yole, yucca.*]

DEUXIÈME PARTIE.

SYNTAXE.

CHAPITRE PREMIER.

ANALYSE LOGIQUE.

Proposition et ses différentes parties.

GRAMMAIRE (201 à 231). Sujet simple ou multiple, complexe ou incomplexe; attribut simple ou multiple, complexe ou incomplexe; compléments du sujet et de l'attribut.

82e EXERCICE (1).

[Indiquez les différentes parties de chaque proposition avec les compléments du sujet et de l'attribut.]

1. La piété et la sainteté nous rendent agréables à Dieu.

2. Souffrez toutes sortes de tourments plutôt que de faire le mal.

3. Le renard est fameux par ses ruses et mérite en partie sa réputation.

---

(1) Les élèves ont déjà fait les exercices les plus simples d'analyse logique. Voyez Exercices 301 à 327 sur la Grammaire élémentaire.

4. A travers une épaisse fumée, se présentait une longue file de voitures, toutes chargées de butin.

5. La candeur de Jeanne d'Arc, sa foi vive, sa parole irrésistible, étonnent et subjuguent Baudricourt.

6. Là, de toutes parts, s'étend un horizon sans bornes.

7. Miltiade, général des Athéniens, fut accusé de trahison et condamné à mort.

8. Les ambitieux s'attristent du succès des autres, au lieu de s'en réjouir.

83e EXERCICE.

[Comme le précédent.]

1. L'étude de la morale et celle de l'éloquence sont nées en même temps.

2. L'exemple du prince est plus fort que la loi.

3. La vertu et le malheur de l'un et de l'autre sont semblables.

4. Notre maison de campagne est sur le bord de la rivière.

5. La poésie a donné au monde ses premières lois.

6. La simplicité des grands hommes de l'antiquité est admirable.

7. Dion, chassé de Syracuse par Denys le tyran, se retira à Mégare.

8. Les chênes, les sapins, les ormes, étendaient leurs branches touffues sur le sanctuaire.

84e EXERCICE.

[Comme le précédent.]

1. La véritable éloquence n'a rien d'enflé ni d'ambitieux.

2. Ne compte jamais, mon fils, sur le présent.

3. Prépare-toi, par des mœurs pures et par l'amour de justice, une place dans cet heureux séjour de la paix.

4. Les anciens Grecs ne séparaient jamais l'utile de l'agréable.

5. La science des lois doit servir à prévenir le mal, et la jurisprudence à le corriger.

6. Platon, disciple de Socrate, a composé ses écrits des discours de son maître.

7. Les mœurs et l'état de tout le corps de la nation ont changé d'âge en âge.

8. Sa mort fut une calamité pour la France, un événement pour l'Europe.

85e EXERCICE.

[Comme le précédent.]

1. Ce pays est au pied du Liban.

2. L'état de notre vaisseau concourait avec celui de la mer à rendre notre situation affreuse.

3. Notre grand mât avait été brisé la nuit par la foudre.

4. Du sommet des montagnes se précipite avec fracas une avalanche redoutable.

5. Le lac, violemment agité, soulève ses vagues écumantes.

6. Les ruisseaux roulent et bondissent avec l'impétuosité des torrents.

7. Des collines, plus ou moins élevées, appuient leurs croupes verdoyantes sur les flancs des montagnes.

8. Dans ce magnifique tableau, les nuances, les couleurs, les oppositions, les contrastes, les formes, sont infinis.

86e EXERCICE.

[Comme le précédent.]

1. Nous reprîmes notre route avant le retour de la lumière.

2. L'ambition de la gloire, l'amour de la patrie, toutes les vertus furent portées au plus haut degré.

3. Des aspects extraordinaires décèlent de toutes parts une terre travaillée par des miracles.

4. Le soleil brûlant, l'aigle impétueux, l'humble hysope, le cèdre superbe, le figuier stérile, toute la poésie, tous les tableaux de l'Écriture, sont là.

5. Leurs superbes frontons, décorés de bas-reliefs et de statues, tombaient avec fracas sur les débris de leurs colonnes.

6. Napoléon, maître enfin de ce palais des czars, s'opiniâtrait à ne pas céder cette conquête, même à l'incendie.

7. A chaque instant croissait autour de nous le mugissement des flammes.

8. Une seule rue, étroite, tortueuse et toute brûlante, s'offrait plutôt comme l'entrée que comme la sortie de l'enfer.

Différentes espèces de propositions.

GRAMMAIRE (232 à 242). Propositions principales, propositions subordonnées et propositions incidentes.

87e EXERCICE.

[Faites l'analyse logique complète, d'après le modèle, page 91 de la grammaire.]

Utilité de l'Histoire.

L'Histoire, quand elle est bien enseignée, devient une école de morale pour tous les hommes. Elle décrie les vices, elle démasque les fausses vertus, elle détrompe des erreurs et des préjugés populaires, elle dissipe le prestige enchanteur des richesses et de tout ce vain éclat qui éblouit les hommes, et elle démontre, par mille exemples plus persuasifs que tous les raisonnements, qu'il n'y a de grand et de louable que l'honneur et la probité. De l'estime et de l'admiration que les plus corrompus ne peuvent refuser aux grandes et belles actions qu'elle leur présente, elle fait conclure que la vertu est donc le véritable bien de l'homme, et qu'elle seule le rend véritablement grand et estimable.

88e EXERCICE.

Elle apprend à respecter cette vertu, et à en démêler la beauté et l'éclat à travers les voiles de la pauvreté, de l'adversité, de l'obscurité, et même quelquefois du décri et de l'infamie : comme, au contraire, elle n'inspire que du mépris et de l'horreur pour le crime, fût-il revêtu de pourpre, tout brillant de lumière et placé sur le trône. — Mais pour me borner à ce qui est de mon dessein, je regarde l'Histoire comme le premier maître qu'il faut donner aux enfants, également propre à les amuser et à les instruire, à leur former l'esprit et le cœur, à leur enrichir la mémoire d'une infinité de faits aussi agréables qu'utiles. Elle peut même beaucoup servir, par l'attrait du plaisir qui en est inséparable, à piquer la curiosité de cet âge avide d'apprendre, et à lui donner du goût pour l'étude (*Rollin*).

89e EXERCICE.

Combat des Thermopyles.

Au milieu de la nuit, les Grecs, Léonidas à leur tête, sortent du défilé, avancent à pas redoublés dans la plaine, renversent les postes avancés, et pénètrent dans la tente de Xerxès, qui avait déjà pris la fuite; ils entrent dans les tentes voisines, se répandent dans le camp, et se rassasient de carnage. La terreur qu'ils inspirent se reproduit à chaque pas, à chaque instant avec des circonstances plus effrayantes. Des bruits sourds, des cris affreux annoncent que les troupes d'Hydarnès sont détruites; que toute l'armée le sera bientôt par les forces réunies de la Grèce.

90e EXERCICE.

Les plus courageux des Perses, ne pouvant entendre la voix de leurs généraux, ne sachant où porter leurs pas, où diriger leurs coups, se jetaient au hasard dans la mêlée, et périssaient par les mains les uns des autres, lorsque les premiers rayons du soleil offrirent à leurs yeux le petit nombre des vainqueurs. Ils se forment aussitôt et attaquent les Grecs de toutes parts. Léonidas tombe sous une grêle de traits. L'honneur d'enlever son corps engage un combat terrible entre ses compagnons et les troupes les mieux aguerries de l'armée persane.

91e EXERCICE.

Deux frères de Xerxès, quantité de Perses, plusieurs Spartiates y perdirent la vie. A la fin les Grecs, quoique épuisés et affaiblis par leurs pertes, enlèvent leur général, repoussent quatre fois l'ennemi dans leur retraite, et après avoir gagné le défilé, franchissent le retranchement, et vont se placer sur la petite colline qui est auprès d'Anthèla : ils s'y défendirent encore quelques moments, et contre les troupes qui les suivaient, et contre celles qu'Hydarnès amenait de l'autre côté du détroit.

92e EXERCICE.

Pardonnez, ombres généreuses, à la faiblesse de mes expressions. Je vous offrais un plus digne hommage, lorsque je visitais cette colline où vous rendîtes les derniers soupirs ; lorsque, appuyé sur un de vos tombeaux, j'arrosais de mes larmes les lieux teints de votre sang. Après tout, que pourrait ajouter l'éloquence à ce sacrifice si grand et si extraordinaire? Votre mémoire subsistera plus longtemps que l'empire des Perses auxquels vous avez résisté; et, jusqu'à la fin des siècles, votre exemple produira dans les cœurs qui chérissent leur patrie, le recueillement ou l'enthousiasme de l'admiration.

93e EXERCICE.

Le dévouement de Léonidas et de ses compagnons produisit plus d'effet que la victoire la plus brillante: il apprit aux Grecs le secret de leurs forces, aux Perses celui de leur faiblesse. Xerxès, effrayé d'avoir une si grande quantité d'hommes et si peu de soldats, ne le fut pas moins d'apprendre que la Grèce renfermait dans son sein une multitude de défenseurs aussi intrépides que les Thespiens, et huit mille Spartiates semblables à ceux qui venaient de périr. D'un autre côté, l'étonnement dont ces derniers remplirent les Grecs, se changea bientôt en un désir violent de les imiter (*L'abbé Barthélemy*).

94e EXERCICE.

Extraits du Traité de l'existence de Dieu.

Je ne puis ouvrir les yeux sans admirer l'art qui éclate dans toute la nature : le moindre coup d'œil suffit pour apercevoir la main qui fait tout. Les hommes les moins exercés au raisonnement, et les plus attachés aux préjugés sensibles, peuvent d'un seul regard découvrir celui qui se peint dans tous ses ouvrages. La sagesse et la puissance qu'il a marquées dans tout ce qu'il a fait le font voir comme dans un miroir à ceux qui ne peuvent le contempler dans sa propre idée. C'est une philosophie sensible et populaire, dont tout homme sans passions et sans préjugés est capable.

95e EXERCICE.

Si je passe de mon corps aux autres corps qui m'environnent, non-seulement j'aperçois un grand nombre d'autres corps semblables au mien, mais encore je vois de tous côtés des animaux faits, pour ainsi dire, sur divers patrons. Les uns marchent à quatre pieds, les autres ont des ailes pour voler dans l'air, les autres des nageoires pour nager dans l'eau. Les navires que les hommes construisent avec tant d'art suivant des règles si savantes, ne sont que des copies faites d'après ces oiseaux et ces poissons qui voguent dans deux éléments liquides dont l'un est un peu plus épais que l'autre.

96e EXERCICE.

De ces animaux, les uns nous servent à porter des fardeaux, comme le cheval et le chameau : d'autres servent par leur force, comme les bœufs, à suppléer ce qui manque à notre force bornée; puis ce même animal devient notre aliment : d'autres, comme les brebis, nous nourrissent de leur lait, et nous vêtent de leur laine. L'homme sait dominer par force ou par industrie sur tous les animaux et les plier à son usage. Un vermisseau, une fourmi, un moucheron montrent cent fois plus d'art que l'horloge la plus parfaite (*Fénelon*).

Figures de grammaire.

97e EXERCICE.

GRAMMAIRE (244 à 246) Inversion.

[Copiez et indiquez le sujet, le verbe et l'attribut de chaque proposition, et lorsqu'il y a inversion, rétablissez l'ordre logique de la proposition.]

1. Que diront vos parents?

2. A la disette enfin succède la famine (*Marmontel*).

3. Déjà prenait l'essor, pour se sauver vers les montagnes, cet aigle dont le vol hardi avait d'abord effrayé nos provinces (*Fléchier*).

4. Me verra-t-on, disais-je en moi-même, avec Ulysse et avec les Atrides? Que croira-t-on de moi? (*Fénelon*).

5. Devant l'Être éternel tous les peuples s'abaissent. (L. RACINE.)
6. La Grèce en ma faveur est trop inquiétée ;
De soins plus importants je l'ai crue agitée,
Seigneur ; et sur le nom de son ambassadeur,
J'avais dans ses projets conçu plus de grandeur.
Qui croirait, en effet, qu'une telle entreprise
Du fils d'Agamemnon méritât l'entremise? (RACINE.)

98e EXERCICE.

GRAMMAIRE (247 et 248). Pléonasme.

[Copiez, et indiquez les pléonasmes, faites voir en quoi ils consistent et signalez ceux qui sont vicieux.]

1. S'il ne veut pas vous le dire, je vous le dirai, moi (*Lévizac*).

2. Les conquêtes d'Alexandre donnèrent lieu à ses capitaines de s'entregorger les uns les autres.

3. Il faut toujours tendre à la perfection, et alors cette justice, qui nous est quelquefois refusée par nos contemporains, la postérité sait nous la rendre (*La Bruyère*).

4. Dans le principe, pour déconcerter et faire trembler les factieux, on n'aurait eu seulement qu'à se montrer (*Cité par Lévizac*).

5. Je l'ai vu, dis-je, vu, de mes propres yeux vu,
Ce qu'on appelle vu. (MOLIÈRE.)
6. Il en coûta la tête et la vie à Pompée. (CORNEILLE.)
7. Prends-moi le bon parti. (BOILEAU.) (1)

99e EXERCICE.

GRAMMAIRE (249 et 250). Ellipse.

[Copiez, indiquez les ellipses et rétablissez les mots sous-entendus.]

1. Heureux celui qui n'étant pas esclave d'autrui, n'a pas la folle ambition de faire d'autrui son esclave (*Fénelon*).

2. Celui qui rend un service doit l'oublier ; celui qui le reçoit, s'en souvenir (*Pensée de Démosthène*).

3. Notre mérite nous attire la louange des honnêtes gens ; et notre étoile celle du public (*La Rochefoucauld*).

4. On a toujours raison, le destin toujours tort. (LA FONTAINE.)
5. Sa raison est dictée, et même son silence. (RACINE.)

---

(1) Voir Grammaire 252, à la fin.

6. ALEXANDRE. Comment prétendez-vous que je vous traite?
PORUS. En roi. (RACINE.)
7. NÉRINE. Contre tant d'ennemis que vous reste-t-il?
MÉDÉE. Moi. (CORNEILLE.)
JULIE. Que vouliez-vous qu'il fît contre trois?
LE VIEIL HORACE. Qu'il mourût. (ID.)

100e EXERCICE.

GRAMMAIRE (251). Syllepse.

[Copiez, indiquez les syllepses et dites en quoi elles consistent.]

1. Un nombre infini d'oiseaux faisaient résonner ces bocages de leurs doux chants (*Fénelon*).

2. C'est un sage législateur qui, ayant donné à sa nation des lois propres à les rendre bons et heureux, leur fit jurer qu'ils ne violeraient jamais aucune de ces lois pendant son absence (*Id.*).

3. Cependant, le peuple, touché de compassion pour l'enfant et d'horreur pour l'action barbare du père, s'écrie que les dieux justes l'ont livré aux Furies. La fureur leur fournit des armes; ils prennent des bâtons et des pierres; la Discorde souffle dans tous les cœurs un venin mortel (*Id.*).

4. Enfin la foule entière, oppresseurs ou victimes,
N'ont à délibérer que sur le choix des crimes. (RAYNOUARD.)
5. Entre le pauvre et vous, vous prendrez Dieu pour juge;
Vous souvenant, mon fils, que caché sous ce lin,
Comme eux vous fûtes pauvre et comme eux orphelin. (RACINE.)

CHAPITRE II.

NOM OU SUBSTANTIF.

101e EXERCICE. — *Syntaxe.*

GRAMMAIRE (253 à 260). Genre des noms *aide*, *aigle*, *amour*, *automne*, *quelque chose*, *couple*, *délice*, *orgue* et *enfant*.

[Copiez et remplacez les points par les mots qui sont en tête de chaque phrase et que vous ferez accorder avec les noms auxquels ils se rapportent.]

1. *Romain* — Germanicus porta les aigles .... aux rives de 'Elbe (*Châteaubriand*).

2. *Un jeune — il — dangereux — il* — Ce n'est qu'avec beaucoup de patience et d'art qu'on peut dresser à la chasse .... aigle; ... devient même .... pour son maître, dès qu'... a pris de la force et de l'âge (*Buffon*).

3. *Touchant — ceux* — Les délices du cœur sont plus .... que... de l'esprit (*Saint-Évremond*).

4. *Un* — C'est ... délice que de contribuer au bonheur des autres (*Trévoux*).

5. *Excellent* — Ce chirurgien a deux aides ...

6. *Un grand* — Vous me serez d' ..... aide (*Boinvilliers*).

7. *Paternel — filial* — L'amour .... représente l'autorité; l'amour .... la subordination (*de Gérando*).

8. *Un* — .... couple de pigeons ne sont pas suffisants pour un dîner de six personnes (*Guizot*).

9. *Un* — ... couple de pigeons est suffisant pour peupler une volière (*Guizot*).

10. *Le pâle.* — Remarquez-le surtout lorsque ... automne
Près de la voir flétrir, embellit sa couronne. (DELILLE.)

11. *Nébuleux.* — Aussi, voyez comment l'automne ...
Tous les ans, pour gémir, nous appelle en ces lieux. (ID.)

12. *Dit* — Quelque chose qu'il m'ait ...., je n'ai pu le croire (*Marmontel*).

13. *Le* — S'il vous manque quelque chose, je vous .... donnerai (*Acad.*).

14. *Un jeune.* — A mes yeux se présente
... enfant couvert d'une robe éclatante. (RACINE.)

15. *Mon pauvre* — (Chrysale parlant à Martine) :
Va-t'en ... enfant. (MOLIÈRE.)

16. *Quel* — ... délice de contempler les heureux que l'on fait! (*Boniface*).

17. *Nouveau* — La cruauté cherche chaque jour de .... délices parmi les larmes des malheureux (*Fénelon*).

18. *Un* — ... aigle qui s'élève au-dessus des nues est la devise de ceux qui acquièrent de la gloire dans une vie retirée et cachée (*Châteaubriand*).

19. *Un* — Quand on sait bien les quatre règles on est ... aigle en finances (*Mirabeau*).

20. *Le trop grand — châtié* — Souvent ... amour qu'on a pour soi est ... par le mépris d'autrui (*La Rochefoucauld*).

21. *Seul.* — Que de la vérité les vers soient les esclaves;
De ses chastes faveurs faisons nos ... amours.
(C. Delavigne.)

22. *Un* — L'opérateur fut obligé de prendre ... aide parmi les sages-femmes.

23. *Le — le — mauvais* — Quelque chose que je fasse, quelque chose que je dise, il ... blâme, il ... trouve ...

24. *Le* — De sa patte droite l'ours saisit dans l'eau le poisson qu'il voit passer. Si après avoir assouvi sa faim, il lui reste quelque chose de son repas, il ... cache (*Châteaubriand*).

25. *Un* — Saint Jérôme dit qu'il y avait à Jérusalem ... orgue qu'on entendait du mont des Olives (*Trévoux*).

26. *Placé* — On appelle aussi *orgue* ou *orgues*, le lieu où les orgues sont .... dans une église (*Trévoux*).

27. *Pris* — Plusieurs aigles furent .... par les Germains après la défaite de Varus, sous le règne d'Auguste (*Acad.*).

28. *Un* — Il faut à peu près vingt livres de blé par an pour nourrir ... couple de moineaux (*Buffon.*)

29. *Certain — établi.* — ... couple d'amis, en un bourg ...,
Possédait quelque bien. (La Fontaine.)

30. *Fait* — Je prenais souvent plaisir à blâmer publiquement quelque chose qu'il avait .... (*Fénelon*).

102e EXERCICE. — *Invention.*

[Composez : 1° douze propositions ou phrases dans lesquelles vous ferez entrer les mots *aide, aigle, automne, quelque chose, couple* et *enfant*, employés une fois au masculin et une fois au féminin ; 2° six propositions avec les mots *amour*, *délice* et *orgue*, une fois au singulier et une fois au pluriel. Dans chacune de ces phrases le nom devra être accompagné d'un adjectif.]

103e EXERCICE. — *Syntaxe.*

Grammaire (261 à 269). Genre des noms *exemple, foudre*, *hymne, œuvre, orge, pâque, période, pleurs* et *témoin.*

[Comme le 101e Exercice.]

1. *Un — muet* — Toutes leurs pensées se convertissent en enthousiasme et en prières ; toute leur existence est ... hymne .... à la Divinité et à l'espérance (*Lamartine*).

2. *Cet* — Un dimanche de l'Avent, j'entendis de mon lit chanter ... hymne avant le jour sur le perron de la cathédrale. (*J.-J. Rousseau*).

3. *Bon* — Les ... exemples conduisent plus efficacement à la vertu que les bons préceptes (*Acad.*).

4. *Nouveau* — Son maître d'écriture lui donne tous les jours de .... exemples (*Acad.*).

5. *Du* ou *de la* (1) — Les paratonnerres préservent les édifices .... foudre (*Acad.*).

6. *Ce.* — Allons fouler aux pieds ... foudre ridicule. (Corneille.)

7. *Témoin* — Venez, mesdames, être .... de son triomphe (*Marmontel*).

8. *Témoin* — Messieurs, je vous prends tous à .... de ses promesses.

9. *Son* — Le soleil fait ... période en 365 jours et près de 6 heures (*Acad.*).

10. *Le* — *celui* — La France, après avoir atteint ... période de sa gloire militaire, marche d'un pas assuré vers .... de sa gloire civile (*Boiste*).

11. *Réglé* — La fièvre quarte et toutes les autres fièvres intermittentes ont leur période ... (*Acad.*).

12. *Tout* — *plein* — .... les œuvres de la Divinité sont ... de sa providence (*Boiste*).

13. *Le premier et le second* — J'ai ..... œuvre de Grétry (*Girault-Duvivier*).

14. *Destiné* — L'orge .... aux lieux secs, a des feuilles larges et ouvertes à leur base, qui conduisent les eaux des pluies à sa racine (*B. de Saint-Pierre*).

15. *Perlé* — On entend par orge .... des grains d'orge qu'on a bien nettoyés et bien préparés (*Acad.*).

16. *Le.* — Voilà le Dieu fatal qui met à tant de princes
... foudre dans les mains. (J.-B. Rousseau.)

17. *Un.* — Comment! des animaux qui tremblent devant moi!
Je suis donc ... foudre de guerre! (La Fontaine.)

18. *Impérial* — *un* — L'aigle .... porte .... foudre dans ses serres.

---

(1) Choisissez de ces expressions celle qui convient.

19. *Témoin* — La diction dépend de la Grammaire,.... les beaux vers de Corneille (*Voltaire*).

20. *Témoin* — Je vous prends à .... vous tous qui m'écoutez et qui voyéz mes larmes (*Massillon*).

21. *Au grand* ou *à la grande* — On travaille sans succès .... œuvre de la félicité publique, si l'on ne prend pour base l'amour de la patrie (*Boiste*).

22. *Le plus parfait* ou *la plus parfaite* — Athalie est l'œuvre.... du génie inspiré par la Religion (*Châteaubriand*).

23. *Divin* — L'œuvre .... se poursuit à travers les siècles (*Portalis*).

24. *Bon* — Mettez-vous en état de faire de .... Pâques. (*Acad.*).

25. *Tardif* — Pâques est .... cette année.

26. *Touchant* — Ses pleurs .... attendrirent le cœur des juges.

27. *Son* ou *sa*. — Avocat incommode,
Que ne lui laissiez-vous finir ... période. (RACINE.)

28. *Du* ou *de la* — Comme les Juifs au festin ... Pâque, on assiste au banquet de la vie à la hâte, debout, les reins ceints d'une corde, les souliers aux pieds et le bâton à la main (*Châteaubriand*).

29. *Fleuri* — *clos* — On appelle Pâques .... le dimanche des Rameaux, qui précède immédiatement celui de Pâques, et Pâques .... le dimanche de Quasimodo, qui suit immédiatement celui de Pâques (*Acad.*).

30. *Un* ou *une*. — Encore ... hymne, ô ma lyre !
... hymne pour le Seigneur,
... hymne dans mon délire,
... hymne dans mon bonheur. (LAMARTINE.)

104e EXERCICE. — *Invention*.

[Composez : 1° douze phrases ou propositions avec les mots *foudre, hymne, œuvre, orge, pâque* et *période*, employés une fois au masculin et une fois au féminin ; 2° deux phrases avec le mot *exemple* pris dans le sens ordinaire, puis dans le sens de modèle d'écriture ; 3° une phrase avec le mot *pleurs*.

Nota. Dans chacune de ces quinze phrases le nom devra être accompagné d'un adjectif.

Faites en outre trois phrases renfermant le mot *témoin* : dans la première, *témoin* devra se rapporter à un nom féminin pluriel; dans la seconde, il sera employé sans article ni déterminatif, au commencement de la phrase; dans la troisième, vous emploierez la locution *à témoin*, en rapport avec un pluriel.]

105e EXERCICE. — *Syntaxe.*

GRAMMAIRE (270 à 276). Genre du mot *gens*. Pluriel des noms *aïeul, ciel, œil*.

[Remplacez les points par les mots qui sont en tête des numéros, en appliquant les règles de la grammaire.]

1. *Œil* — Nous voyons avec des .... d'envie l'élévation des autres (*Massillon*).

2. *Vieux* — Peu de gens savent être ... (*La Rochefoucauld*).

3. *Tout* — Il s'accommode de .... gens (*Acad.*).

4. *Aïeul* — Cette jeune personne a encore ses deux ....

5. *Ciel.* — La peur élève aux ... les maîtres de la terre. (DELILLE.)

6. *Premier bon* — L'homme sensible, en voyage, est tenté de s'arrêter chez les .... gens qu'il trouve (*Boiste*).

7. *Certain* — *il* ou *elle* — *traité* — .... gens savent si bien observer les nuances, qu'... n'ont de probité que ce qu'il faut pour n'être pas ... de fripons (*Boiste*).

8. *Œil de bœuf* — Il faudra percer dans ce mur deux .... pour éclairer l'escalier.

9. *Sot.* — Ésope seul trouvait que ces gens étaient ... (LA FONTAINE.)

10. *Bon* — *tout bavard* — Les ... gens sont .... (*Gresset*).

11. *Œil* — Il y a du plaisir à rencontrer les .... de celui à qui l'on vient de donner (*La Bruyère*).

12. *Bon.* — Je sens qu'on en revient toujours aux ... gens. (GRESSET.)

13. *Ciel de lit* (au pluriel) — Il n'y a pas en Orient de .... plus délicieux que le beau firmament étoilé (*Lamartine*).

14. *Aïeul.* — Nos ... à leur gré faisaient un dieu d'un homme. (CORNEILLE.)

15. *Sot* — Il y a de ... gens qui me veulent dire qu'il a été marchand (*Molière*).

16. *Vrai* — Les .... gens de lettres ont beaucoup plus

mérité du genre humain que les Orphée, les Hercule et les Thésée (*Voltaire*).

17. *Heureux* — *instruit* — O qu'... sont les gens qui ne veulent pas souffrir l'injure, d'être... dans cette doctrine (*Pascal*).

18. *Œil-de-chat* — *œil-de-serpent* — Les .... sont des pierres précieuses d'une valeur supérieure à celles des ....

19. *Tel* — *plein* — *il* — *importun* —

Plus... gens sont... moins... sont... (LA FONTAINE.)
20. *Ciel.* — Que la terre est petite à qui la voit des ... ! (DELILLE.)
21. *Aïeul.* — Ce long amas d'... que vous diffamez tous,
Sont autant de témoins qui parlent contre vous. (BOILEAU.)

22. *Faux honnête* — *vrai honnête* — Les .... gens sont ceux qui déguisent leurs défauts aux autres et à eux-mêmes. Les .... gens sont ceux qui les connaissent parfaitement et les confessent (*La Rochefoucauld*).

23. *Ciel* — Les... dans les tapisseries réussissent mal, à cause du grenu des points (*Acad.*).

24. *Quel* — Vous voyez à .... gens nous avons affaire (*Racine*).

25. *Seul* — Les .... gens de guerre ne se sont pas déguisés de la sorte (*Pascal*).

26. *Ciel* — Bien des Français, prisonniers des Russes, ont péri sous les ..... glacés de la Sibérie.

27. *Tel.* — De ... gens il est beaucoup
Qui prendraient Vaugirard pour Rome. (LA FONTAINE.)

28. *Certain* — *il* — C'est abréger avec ... gens que de penser qu'... sont incapables de parler juste (*La Bruyère*).

29. *Œil* — Il y a un proverbe espagnol qui dit qu'il faut choisir du fromage sans ...., du pain qui ait des .... et du vin qui saute aux .... (*Trévoux*).

30. *Certain* — Je vois .... gens qui me prévenaient par leurs civilités, attendre maintenant que je les salue (*La Bruyère*).

106e EXERCICE. — *Invention.*

[Composez des phrases analogues aux exemples de la grammaire depuis le paragraphe 270 jusqu'au 276 ; savoir : *deux* sur le paragraphe 270 ; *trois* sur le paragraphe 271 ; *une* sur le paragraphe 272 ; *deux* avec le mot *aïeul* pris dans les deux sens ; *trois* avec le mot *ciel* au pluriel, et *trois* avec le pluriel du mot *œil*.]

107e EXERCICE. — *Syntaxe.*

GRAMMAIRE (277 à 279). Pluriel des noms propres.

[Mettez au pluriel ou laissez au singulier, suivant la règle, les noms propres en italique qui sont entre crochets.]

1. Jamais les deux [*Caton*] n'ont autrement voyagé, ni seuls, ni avec leurs armées (J.-J. Rousseau).

2. Les [*Boileau*] et les [*Gilbert*] furent les [*Juvénal*] de leur siècle (Boniface).

3. Les deux [*Gracque*], en flattant le peuple, commencèrent les divisions qui ne finirent qu'avec la république (Bossuet).

4. La connaissance d'un Dieu n'a point été particulière aux [*Socrate*], aux [*Platon*] ; elle est commune aux Tartares, aux Indiens, aux sauvages et à tous les hommes (B. de Saint-Pierre).

5. La nature n'approvisionne ce monde que par assortiment : il faut recevoir mille [*Cotin*] pour un Boileau, et cent erreurs pour une vérité (Lemontey).

6. Les [*Charlemagne*] et les [*Saint-Louis*] relevèrent l'éclat de leur règne en relevant celui du culte (Massillon).

7. Que de [*Pradon*] s'érigent en [*Corneille*] ! (Voltaire).

8. Louis de ses regards récompensait leurs veilles ;
Un coup d'œil de Louis enfantait des [*Corneille*]. (DELILLE.)

9. Durant le dernier siége de Troie, on voit les [*Achille*], les [*Agamemnon*], les [*Ulysse*], Hector, Sarpédon, Énée (Bossuet).

10. Les premiers [*Pline*] que possède la bibliothèque du roi sont d'une conservation parfaite (Valery).

11. — Il nous reste à nous occuper des deux [*Pline*] (La Harpe).

12. Il est sûr qu'il ne se trouve plus de ces âmes vigoureuses ou raides de l'antiquité, des [*Aristide*], des [*Phocion*], des [*Périclès*], ni enfin des [*Socrate*] (Fontenelle).

13. Catherine de Médicis nourrit la haine des [*Condé*] contre les [*Guise*] (Voltaire).

14. Le couple pervers franchit les mers inexplorées que n'avaient point encore nommées les [*Cook*] et les [*Lapérouse*] (Châteaubriand).

15. Il est là des tyrans, des ministres cruels,
Et des [*Solon*] d'un jour qu'on proclame immortels. (Michaud.)

16. Les mausolées et les tombeaux des [*Aristide*] et des [*Caton*] ne sont plus, et leurs actions se perpétuent dans les écrits du philosophe de Chéronée (1) (Thomas).

17. Les deux [*Guinée*] sont situées sur la côte occidentale de l'Afrique.

18. Les pyramides d'Égypte s'en vont en poudre, et les graminées du temps des [*Pharaon*] subsistent encore (B. de St-Pierre).

19. Sybaris était-il le berceau des [*Achille*] ! (Delille.)
20. La Seine a des [*Bourbon*], le Tibre a des [*César*]. (Boileau.)
21. Les [*Stentor*] des salons sont pour nous un supplice. (Delille.)
22. Les Titus craignent-ils le destin des [*Néron*] ? (De Bellay.)

23. Là (2) brillent, d'un éclat immortel, les vertus politiques, morales et chrétiennes des [*Le Tellier*], des [*Lamoignon*] et des [*Montausier*] (L'abbé Collin).

24. La mère des [*Gracque*], appelée Cornélie, était fille du grand Scipion (Vertot).

25. M. l'abbé Le Bœuf a distingué deux [*Alain*], l'un évêque d'Auxerre, l'autre religieux de Citeaux (Gaillard).

26. Lorsque Auguste eut conquis l'Égypte, il apporta à Rome les trésors des [*Ptolémée*] (Montesquieu).

27. Qu'un Molière s'élève, il naitra des [*Baron*] (3). (Dorat.)

28. A cette vente de tableaux il y avait de beaux [*Raphaël*] et de beaux [*Poussin*].

29. Oui, je sais qu'entre ceux qui t'adressent leurs veilles
Parmi les [*Pelletier*] on compte des [*Corneille*]. (Boileau.)
30. Dis-lui que l'amitié, l'alliance et l'amour
Ne peuvent empêcher que les trois [*Curiace*]
Ne servent leur pays contre les trois [*Horace*]. (Corneille.)

---

(1) Plutarque.
(2) Dans les oraisons funèbres de Fléchier.
(3) Baron, célèbre acteur élevé et formé par Molière.

108e EXERCICE. — *Syntaxe.*

GRAMMAIRE (280 à 283). Mots pris matériellement et mots dérivés des langues étrangères.

[Remplacez les points par les mots qui sont en tête de chaque numéro, en observant les règles de la grammaire.]

1. *Solo — duo — quatuor — quintetto.* — Il y a dans cet opéra des... et des... charmants, de beaux... et deux admirables...

2. *Lazzarone.* — Les... forment une grande partie de la population de Naples (*De Jouy*).

3. *Ouï-dire.* — Quels sont ses garants? des... des bruits vagues (*Voltaire*).

4. *Agenda — vade-mecum.* — Les... sont des.

5. *Opéra.* — Ce fut Mazarin qui fit représenter à Paris les premiers..., et c'étaient des... italiens (*La Harpe*).

6. *Pater — ave.* — Vous direz cinq... et cinq (*Acad.*)

7. *Comment — pourquoi.* — Il ne demande pas les ..., les ....
Les définitions le font pâlir d'effroi. (DELILLE.)

8. *In-quarto.* — Dans ces gros..., on remarque d'abord des armoiries (*Voltaire*).

9. *Impromptu.* — Louis XIV se plaisait et se connaissait aux choses ingénieuses, aux..., aux chansons agréables (*Id.*).

10. *Ténor — soprano.* — Il faut, pour compléter cette troupe de chanteurs, deux... et deux...

11. *Quiproquo — lazzi.* — L'auteur d'*Une heure de mariage* n'a voulu que faire rire le vulgaire par des.., et des... (*Geoffroy*).

12. *Peu.* — Plusieurs... font un beaucoup (*Florian*).

13. *Carbonaro.* — Les... forment en Italie une société politique et secrète (*Boniface*).

14. *Concerto.* — Les... de Leclerc eurent en France une grande réputation (*Guinguené*).

15. *Fac-simile.* — On a joint aux œuvres de ces deux auteurs des... de leur écriture.

16. *Si — car.* — Les ..., les ..., les contrats sont la porte
Par où la noise entra dans l'univers. (LA FONTAINE.)

17. *Impromptu.* — Il met tous les matins six ... au net. (BOILEAU.)

18. *Déficit.* — J'ai marqué tous les... de ma table (*Voltaire.*)

19. *Te-Deum.* — On périssait de misère au bruit des... et parmi les réjouissances (*Id.*).

20. *Aparté.* — Il n'est rien de plus ridicule que la manière ordinaire de rendre les ... sur la scène (*Encyclopédie*).

21. *Comment — pourquoi.* —

Ami, je n'irai plus rêver, si loin de moi,
Dans les secrets de Dieu, ces ..., ces ...
(LAMARTINE.)

22. *Placet.* — Nous fatiguons le ciel à force de .... (LA FONTAINE.)

23. *Factum.* — Si quelque chose approche de Cicéron, ce sont les trois ... que Pélisson écrivit à la Bastille en faveur de l'infortuné Fouquet (*Voltaire*).

24. *Je vous en prie, — petite maman, en grâce.* — Il faut se garder d'enseigner aux enfants ces phrases d'une politesse affectée dont ils surchargent leurs demandes, comme les..., les... (*Madame Campan*).

25. *Concetti.* — Fuyez des ... l'inutile fracas. (BOILEAU.)

26. *Zéro.* — Les... bien placés ont une grande valeur (*Scribe*).

27. *Pensum — exéat — satisfécit — accessit.* — Les mauvais écoliers sont accablés de... et privés d'... ; les bons obtiennent des..., et ont, à la fin de l'année, des prix ou des... (*Boniface*).

28. *Post-scriptum.* — C'est un de vos... d'autrefois (*C. Delavigne*).

29. *Auto-da-fé.* — Philippe II ne permettait à ses sujets l'air d'allégresse qu'au spectacle des... (*Lacretelle*).

30. *Quand — qui — quoi.*

Les ..., les ..., les ..., pleuvent de tous côtés,
Sifflent à mon oreille, en cent lieux répétés. (VOLTAIRE.)

109e EXERCICE. — *Invention.*

[Donnez, d'après le dictionnaire, la signification des mots suivants, et employez-les au pluriel dans autant de petites phrases qu'il y a de mots.]

Aqua-tinta.	Ouï-dire.	Reliquat.
Credo.	Nota.	Requiem.
Ex-voto.	Pourquoi.	Si.
Imbroglio.	Quidam.	Spécimen.
In-octavo.	Récépissé.	Tilbury.

110e EXERCICE. — *Syntaxe.*

GRAMMAIRE (284 à 290). Pluriel des noms composés et des noms compléments d'une préposition.

[Remplacez les points par les noms qui sont en tête de chaque numéro, en observant les règles de la grammaire.]

1. *Avant-poste*, — L'ennemi attaqua nos... à la pointe du jour (*Acad.*).

2. *Martin-pêcheur*. — Les... et une foule d'oiseaux riverains embellissent par l'émail de leurs couleurs, les bords des fleuves de l'Asie et de l'Afrique (*B. de St-Pierre*).

3. *Amour-propre*. — Il enrôla tous les... dans cette ligue insensée (*Châteaubriand*).

4. *Becfigue*. — Les... sont de petits oiseaux qui recherchent les figues et qui sont très-délicats à manger (*Acad.*).

5. *Passe-poil*. — Les... servent à distinguer les différents corps de troupes. (*Acad.*).

6. *Arc-en-ciel*. — Allez dans la prairie, et vous pourrez admirer à la fois mille... peints sur chaque goutte de rosée (*Aimé-Martin*).

7. *Homme*. — Jusqu'ici j'ai vu beaucoup de masques; quand verrai-je des visages d'...? (*J.-J. Rousseau*).

8. *Arbre*. — Des troncs d'... à peine dépouillés de leurs écorces servent de poutres (*Barthélemy*).

9. *Passe-passe*. — Oh! oh! mon petit Gusman, méditeriez-vous, par hasard, quelqu'un de ces tours de... que vous savez si bien faire? (*Lesage*).

10. *Cure-dents*. — A Coïmbre, il y a, dit-on, plus de quatre mille étudiants dont la principale occupation est de faire des... (*Marmontel*).

11. *Poisson*. — Le Sélinus abonde en... (*Barthélemy*).

12. *Chat-huant*. — On prétend que les... voient plus clair la nuit que le jour. (*Acad.*)

13. *Chou-fleur.* — Les étrangers ont appris aux Russes à cultiver les... (*L'abbé de la Porte*).

14. *Porte-manteau.* — Il faut mettre deux... dans cette chambre. (*Acad*).

15. *Fruit.* — Il se contentait d'un poulet ou d'un lapin avec quelques compotes de... (*Lesage*).

16. *Ver-à-soie.* — Les... sont si communs au Tonquin, que la soie n'y est pas plus chère que le coton (*L'abbé de la Porte*).

17. *Bête sauvage.* — La plupart étaient habillés de peaux de... (*Vertot*).

18. *Coq-à-l'âne.* — La plupart des gens font des... comme M. Jourdain faisait de la prose (*de Jouy*).

19. *Brise-images.* — Ce fut par là que commencèrent les violences des Iconoclastes, c'est-à-dire des... (*Bossuet*).

20. *Rose.* — Le souvenir des bonnes actions embellit et parfume la vie comme un bouquet de... (*A. Dufresne*).

21. *Arrière-neveu.* — Dans la progression des lumières croissantes, nous paraîtrons nous-mêmes des barbares à nos... (*Châteaubriand*).

22. *Orang-outang.* — Les... ont l'instinct de s'asseoir à table; ils se servent de couteau, de fourchette, de cuiller. (*Buffon*).

23. *Petit-maître.* — Nos... sont l'espèce la plus ridicule qui rampe avec orgueil sur la surface de la terre (*Voltaire*).

24. *Porteballe.* — Les... sont des petits merciers qui portent sur le dos une balle où sont leurs marchandises (*Acad.*)

25. *Garde-fous.* — Faites donc mettre au moins des ... là-haut. (RACINE.)

26. *Poing.* — Coriolan et ses amis se mettent en défense; on repousse les édiles à coups de... (*Vertot*).

27. *Grand'mère.* — Louis XII revendiquait le duché de Milan, parce qu'il comptait parmi ses... une sœur d'un Visconti, lequel avait eu cette principauté (*Voltaire*).

28. *Pot-au-feu.* — Il faut mettre trois... (*Acad.*).

29. *Marchand — dieu — homme — animal.* — Il retrancha un nombre prodigieux de... qui vendaient des broderies d'un

prix excessif, des vases d'or et d'argent, avec des figures de.... d'... et d'... (*Fénelon*).

30. *Contre-coup* Monsieur, retirez-vous;
Vous pourriez me blesser, je crains les .... (REGNARD.)

111e EXERCICE. — *Invention.*

[Composez dix phrases dans chacune desquelles vous emploierez un des mots suivants au pluriel.]

Reine-marguerite.	Pie-grièche.
Basse-cour.	Garde-champêtre.
Beau-frère.	Garde-chasse.
Pot-de-vin.	Garde-meubles.
Loup-garou.	Grand'messe.

[Composez huit phrases renfermant chacune un des mots suivants d'abord au singulier, puis au pluriel.]

Abat-jour.	Couvre-pieds.
Coupe-jarrets.	Cure-dents.

112e EXERCICE. — *Syntaxe.*

[Suite du précédent.]

1. *Passe-port.* — Les ambassadeurs furent quelque temps à attendre leurs ... (*Acad.*).

2. *Pourparler.* — Il y a eu plusieurs... entre les ministres de ces deux cours (*Id.*).

3. *Arbre.* — Il y avait semé des graines d'... qui dès la seconde année portent des fleurs et des fruits (*B. de St-Pierre*).

4. *Cerf-volant.* — Enfants, hâtez-vous de rassembler vos ballons, vos volants et vos... (*Id.*).

5. *Pigeon-paon.* — Les pigeons polonais sont plus gros que les ... (*Buffon*).

6. *Léopard.* — Les peaux de ... sont toutes précieuses et font de belles fourrures (*Id.*).

7. *Gobe-mouches.* — J'allais, avec la foule des..., attendre sur la place l'arrivée des courriers (*J.-J. Rousseau*).

8. *Tête-à-tête.* — Évitez les trop longs... (*Id.*).

9. *Crabe — poisson.* La saricovienne vit de... et de... (*Buffon*).

10. *Vice-roi.* — Les... des provinces de la Chine étaient tenus de fournir à l'empereur, chacun, mille chariots de guerre attelés de quatre chevaux (*Voltaire*).

11. *Pourboire.* — Un autre racontait toutes les petites ruses qu'il mettait en usage pour multiplier ses courses et pour augmenter ses ... (*De Jouy*).

12. *Hôtel-Dieu.* — On voit par le même testament que le roi lègue cent livres de rente à deux cents... (*Voltaire*).

13. *Giroflée.* — Je préfère une branche de lilas à un pot de... (*B. de St-Pierre*).

14. *Perce-neige.* — Je regarde à mes pieds si mes bourgeons en pleurs
Ont de mes ... épanoui les fleurs. (LAMARTINE.)

15. *Gros-bec.* — Les loriots mangent la chair des cerises, et les ... cassent les noyaux et en mangent l'amande (*Buffon*).

16. *Chef-d'œuvre.* — Le Cid, Athalie, Alzire, sont des ... dramatiques (*Boniface*).

17. *Chevau-léger.* — Le pape ou plutôt Avignon entretenait pour la garde du vice-consul de la ville cinquante... vêtus de rouge et cent hommes d'infanterie vêtus de bleu (*L'abbé de la Porte*).

18. *Casse-tête.* — Nous découvrîmes de loin une troupe nombreuse d'habitants des montagnes Bleues, qui descendaient dans la plaine, armés de ... (*Voltaire*).

19. *Talent — esprit.* — Les singes sont tout au plus des gens à ..., que nous prenons pour des gens d'... (*Buffon*).

20. *Contrevent.* — Il faut faire mettre des ... à toutes les fenêtres de la maison (*Acad.*).

21. *Garde-chasse.* — Les sables de l'Afrique, où nous n'avons pas de ..., nous envoient des nuées de cailles et d'oiseaux de passage, qui traversent la mer au printemps (*B. de St-Pierre*).

22. *Pied de mouton.* — On me servit une copieuse fricassée de ... (*Lesage*).

23. *Petit-maître.* — Les dames et les ... ont toujours révéré la mode et même enchéri sur elle (*Voltaire*).

24. *Ennui.* — La paresse est une source inépuisable d'.... (*Fénelon*).

25. *Garde-manger—essuie-mains.* — Près des ..., il y a souvent des ... (*Boniface*).

26. *Pied-à-terre.* — Aux environs des grandes villes, il y a beaucoup de ... (*Id.*).

27. *Chèvre-feuille.*— Des ..., des roses et quantité d'arbrisseaux d'une odeur aromatique, parfument l'air des environs. (*L'abbé de la Porte*).

28. *Fouille-au-pot.* — Il me jugea digne d'être reçu parmi les .... (*Lesage*).

29. *Qu'en-dira-t-on.* — Si vous tenez à l'estime de vos concitoyens ne vous moquez pas des ....

30. *Plaisir—chagrin.* — Paris est une ville de ... où cependant les sept huitièmes de ses habitants meurent de .... (*J.-J. Rousseau*).

113e EXERCICE. — *Invention.*

[Composez vingt phrases dans chacune desquelles vous emploierez un des mots suivants, d'abord au singulier, puis au pluriel.]

Blanc-seing. Crève-cœur.
Casse-cou. Porte-drapeau.
Contre-poison. Porte-mouchettes.
Chasse-mouche. Serre-tête.
Coupe-gorge. Va-nu-pieds.

CHAPITRE III.

ARTICLE.

114e EXERCICE. — *Syntaxe.*

GRAMMAIRE (291 à 297). Emploi et répétition de l'article.

[Mettez ou non, suivant la règle, l'article devant les mots en caractère italique.]

1. On trouve des condors sur les bords de la mer et des rivières dans *savanes* ou *prairies* naturelles (Buffon). — 2. *Ancien* et *nouveau* continent paraissent tous les deux avoir été rongés par l'Océan (Id.). — 3. *Père* et *mère* semblaient exciter leur petite compagne à s'en repaître la première (Id.). — 4. Si nous voyageons, *belles* et *fertiles* plaines nous ennuient (de Ségur). — 5. *Bonnes* ou *mauvaises* conversations gâtent

l'homme (Pascal). — 6. Son neveu Loth est établi dans *ville* ou *bourg* de Sodome (Voltaire). — 7. *Belle, magnifique* campagne que voilà! — 8. La France de *dix-septième* et *dix-huitième* siècle était inférieure à beaucoup d'autres pays (Guizot). — 9. *Maires* et *sous-préfets* allèrent au-devant du roi (Boniface). — 10. Corneille a réformé *scène tragique* et *comique* par d'heureuses imitations (de Wailly). — 11. Il y a des jeunes gens qui ne grandissent plus après *quatorzième* ou *quinzième* année (Buffon). — 12. *Solide* et *véritable* gloire réside dans la pratique de toutes les vertus (Boinvilliers). — 13. Peu de gens distinguent nettement les nuances qui séparent *idées* et *sensations, connaissances* et *sentiment, raison* et *instinct* (Buffon). — 14. Je conviens que *second, quatrième* et *sixième* livre de l'Énéide sont excellents (Voltaire). — 15. Aristide subit sans murmurer la peine de *Ostracisme* ou *exil* prononcée par ses concitoyens. — 16. *Grand* et *petit* épagneul, qui ne diffèrent que par la taille, transportés en Angleterre, ont changé du blanc au noir (Buffon). — 17. *Long* et *gros* bec du toucan, et sa langue faite en plume, étaient nécessaires à un oiseau qui cherche les insectes éparpillés dans les sables humides des rivages de l'Amérique (B. de Saint-Pierre). — 18. D'abord il faut remarquer qu'il n'y a de vacances complètes que le dimanche; seulement *mercredi* et *samedi*, il y a quelques leçons de moins (Cousin). — 19. Il faudrait commencer toutes les leçons par un hymne adressé à la Divinité, et chanté alternativement par *filles* et *garçons* (B. de Saint-Pierre). — 20. On distinguait parmi les nobles les palatins ou *gouverneurs* de province (J.-J. Rousseau).

115e EXERCICE. — *Syntaxe.*

GRAMMAIRE (295). Application aux adjectifs déterminatifs.

[Mettez ou non, suivant la règle, l'adjectif déterminatif devant les mots en caractère italique.]

Nota. La lettre D entre parenthèses désigne l'adjectif démonstratif, et la lettre P l'adjectif possessif.

1. Les enfants doivent le respect à (P) *père*, à *mère*, à *parents* (Acad.). — 2. Les matelots ajoutent à (D) *bonnes* et *mauvaises* qualités les vices de leur éducation (B. de Saint-

Pierre). — 3. Prenez (D) *livres* et *papiers*, et emportez-les. — 4. J'admire (P. 2e pers.) *grand* et *bel* appartement. — 5. (P. 1re pers.) *père* et *mère* sont venus (Girault-Duvivier). — 6. Je lui ai montré (P. 1re pers.) *beaux* et *vilains* habits (Id.). — 7. Tous les aventuriers ne devaient pas regarder (D) *arts* et *métiers* comme au-dessous d'eux (Rollin). — 8. Je ne crois pas un mot de (D) *longue* et *ennuyeuse* histoire. — 9. Pygmalion suppose que les bons ne peuvent souffrir (P. 3e pers.) *injustices* et *infamies* (Fénelon). — 10. C'est aux mains d'Ulysse qu'on doit la chute de (D) *hautes* et *superbes* tours (Id.). — 11. Les enfants qui avaient égorgé (P. 3e pers.) *pères* et *mères* souffraient des peines moins cruelles que ces hypocrites (Id.). — 12. Ils voulaient partager avec leur capitaine (P. 3e pers.) *bonne* ou *mauvaise* fortune (Vertot). — 13. (P. 1re pers.) *père* et *mère*, *frères* et *sœurs* ont été en butte à la plus affreuse calomnie (Girault-Duvivier). — 14. Chaque homme eut (P. 3e pers. du sing.) *bon* et *mauvais* génie, comme chacun eut son étoile (Voltaire). — 15. Cette jeune fille ayant perdu (P. 3e pers.) *père* et *mère*, et se trouvant maîtresse d'une petite fortune, fut envoyée à Constantinople (Châteaubriand). — 16. Plein de (P. 1re pers.) *ancienne* et *aveugle* confiance, j'étais bien loin de soupçonner le vrai motif de ce voyage (J.-J. Rousseau). — 17. C'est tout ce qu'un homme sage peut faire que de vouloir s'assujettir à gouverner un peuple docile dont les dieux l'ont chargé, ou un peuple qui le prie d'être comme (P. 3e pers.) *père* et *pasteur* (Fénelon). — 18. La voilà, dis-je en moi-même, la voilà celle que Dieu m'a promise. Elle a été mise sur la terre pour partager (P. 1re pers.) *bonne* ou *mauvaise* fortune (Ballanche). — 19. En récompense de (P. 2e pers.) *bons* et *utiles* offices, que Dieu éloigne de vous tout chagrin domestique (B. de Saint-Pierre).

> 20. Souvent (P. 1re pers.) *malheurs* et *torts*
> Sont la faute de nos mentors. (GINGUENÉ.)

116e EXERCICE. — *Syntaxe.*

GRAMMAIRE (296 et 297). Ellipse de l'article.

[Dites pourquoi l'article n'est pas employé devant les noms en caractère italique, et pourquoi il est employé devant les mots *raillerie* et *maison* dans les numéros 4, 12 et 17. La raison en est indiquée dans la Grammaire.]

1. Tout se vendait à Ninive; *honneurs, charges, justice*, étaient au plus offrant (Florian). — 2. *Mortels!* tout doit périr et tout a son trépas (Delille). — 3. C'était un homme qui n'entendait nullement *raillerie* (Lesage). — 4. Il n'y a que les bons esprits et les bons cœurs qui entendent la *raillerie* (Boiste). — 5. *Prières, offres, menaces*, rien ne l'a ébranlé (Boniface). — 6. Mieux vaut *goujat* debout qu'*empereur* enterré (La Fontaine). — 7. Ce que les hommes appellent *grandeur, gloire, puissance; profonde politique*, ne paraît à ces suprêmes divinités que *misère* et *faiblesse* (Fénelon). —

8. Flatteuse *illusion!* doux *oubli* de nos peines!
Oh! qui pourrait compter les heureux que tu fais? (DELILLE.)

— 9. Ne jouez pas avec l'amour-propre de l'homme : sur ce sujet il n'entend pas *raillerie* (La Bruyère). — 10. *Vieillards, femmes, enfants*, tous voulaient me voir (Montesquieu). — 11. Dans cette rue toute *maison* est louée depuis la cave jusqu'au grenier. — 12. Toute la *maison* est louée; il n'y a plus un seul logement. —

13. *Femmes, moine, vieillards*, tout était descendu. (LA FONTAINE.)
14. *Patience* et *longueur* de temps
Font plus que *force* ni que *rage*. (ID.)
15. *Méfiance* est toujours mère de *sûreté*. (FABRE D'ÉGLANTINE.)

— 16. Vous entendez fort bien *raillerie* quand d'autres que moi vous font la guerre sur vos petits défauts (Racine). — 17. Il y a une sorte de politesse qui est nécessaire dans le commerce des honnêtes gens; elle leur fait entendre la *raillerie*, et elle les empêche d'être choqués et de choquer les autres par de certaines façons de parler (La Rochefoucauld). — 18. *Passion* sublime, *sentiment* des grandes âmes, *bonheur* du monde, devant lequel tous les maux disparaissent ou s'affaiblissent et tous les biens s'embellissent et s'accroissent : ô divine *amitié!* ton nom seul me rappelle tous les charmes de ma vie (Lacépède).

19. *Tombeaux, trônes, palais*, tout périt, tout s'écroule. (DELILLE.)
20. *Fleurs* charmantes, par vous la nature est plus belle. (ID.)

117e EXERCICE. — *Syntaxe.*

GRAMMAIRE (298 à 303). Article avant les noms pris dans un sens partitif et dans les phrases négatives.

[Remplacez les points par *du, de la, des,* ou simplement par la préposition *de,* suivant les règles.]

1. Un peuple que protégent... bonnes lois n'est jamais inquiet (*Montesquieu*). — 2. Je ne prendrai pas ... peine pour rien (*Id.*). — 3. Nous voulons trouver ... honnêtes gens, parce que nous voudrions qu'on le fût à notre égard (*Id.*). — 4. ... belles fleurs que je vous ai données, vous en reste-t-il encore? — 5. Le monde est si corrompu qu'on acquiert la réputation d'homme de bien seulement en ne faisant pas... mal (*Lévis*). — 6. Je ne vous dis pas ici ... choses vagues (*Montesquieu*). — 7. On voit... îles flottantes de pistia et de nénuphar, dont les roses jaunes s'élèvent comme ... petits pavillons; ... serpents verts, ... hérons bleus, ... flamants roses, ... jeunes crocodiles, s'embarquent passagers sur ces vaisseaux de fleurs (*Châteaubriand*). — 8. Il n'y a dans l'Inde que ... grands seigneurs et... misérables (*Voltaire*). — 9. Je mettais le matin sur mon agenda... bons mots que je donnais l'après-dînée pour des impromptus (*Lesage*). — 10. C'est un crime à Tyr que d'avoir... grands biens (*Fénelon*). — 11. Cette forêt a sous ses pieds... gras pâturages dans la pente de la montagne (*Id.*). — 12. Quels jeunes gens fréquentez-vous?... petits-maîtres! ils vous enseigneront la sottise et la fatuité. — 13. Avant l'âge de raison, l'enfant ne reçoit pas ... idées, mais des images (*J.-J. Rousseau*). — 14. Et l'on ne dit jamais que l'on n'a point... esprit (*Boursault*). — 15. Vous nous ferez boire ... excellent vin que vous nous avez déjà fait goûter. — 16. Celui qui n'a point vu cette lumière pure, est aveugle comme un aveugle-né. Il croit tout voir, et il ne voit rien : il meurt n'ayant rien vu; tout au plus, il aperçoit ... sombres et fausses lueurs, ... vaines ombres, qui n'ont rien de réel (*Fénelon*). — 17. Il faut ... bon sens et ... clarté dans toutes les poésies, de quelque nature qu'elles soient (*Lesage*). — 18. Il n'y a point ... liaisons durables entre les hommes, si elles ne sont fondées sur le mérite

et sur la vertu (*de Livry*). — 19. Ne me donnez pas ... conseils qu'il serait dangereux de suivre. — 20. Tout le plaisir du roi Alphonse était de s'entretenir avec ... nègres et ... mulâtres, ou avec ... jeunes gens de la lie du peuple (*Vertot*). — 21. Ou l'amitié n'est pas une vertu, ou il ne peut y avoir ... vraie amitié qu'entre les gens de bien (*Mme de Lambert*). — 22. Franchement, je ne fais pas ... vers ni même ... prose quand je veux (*Boileau*). — 23. Où fuyez-vous, mortels infortunés? ... nouveaux gouffres s'ouvrent sous vos pas, ... nouveaux tourbillons de flammes, de pierres, de cendres et de fumée, volent vers vous du sommet des montagnes (*Lacépède*). —

24. Le destin n'a point mis ... sentiments égaux
Dans l'âme de l'esclave et celle du héros. (CRÉBILLON.)
25. Heureux, si de son temps, pour cent bonnes raisons,
La Macédoine eût eu ... petites-maisons. (BOILEAU.)

118e EXERCICE. — *Invention.*

[Composez : 1° six phrases dans chacune desquelles vous emploierez un nom pris dans un sens partitif, au singulier ou au pluriel et précédé d'un adjectif; 2° quatre phrases renfermant l'un des mots suivants pris dans un sens partitif.

Petits-pâtés, Honnêtes gens } au pluriel. Petit-lait, Bon sens } au sing.

3° Deux phrases avec un nom pris dans un sens partitif et employé comme complément d'un verbe accompagné d'une négation : la première dans le cas exposé parag. 302, la seconde dans celui du parag. 303.]

119e EXERCICE. — *Syntaxe.*

GRAMMAIRE (304 à 307). Article avant les noms pris dans un sens partitif et compléments d'un collectif ou d'un adverbe de quantité. Article devant *plus*, *moins* et *mieux*.

[Remplacez les points par *du, de la, des*, ou simplement par la préposition *de*, suivant les règles.]

1. Combien ... pauvres sont oubliés! Combien demeurent sans secours et sans assistance! (*Bourdaloue*). — 2. Le pauvre a peu ... amis, le malheureux n'en a pas (*Vauvenargues*). — 3. Nous n'avons pas assez ... force pour suivre notre raison (*La Rochefoucauld*). — 4. La plupart ... hommes ont, comme les plantes, ... propriétés cachées que le hasard fait découvrir (*Id.*). — 5. Il lui reste peu ... amis que lui a faits sa fortune

(*Boniface*). — 6. Beaucoup ... hommes sont ... vieux enfants (*de Ségur*). — 7. Les méchants ont bien ... peine à demeurer unis (*Fénelon*). — 8. Qu'est devenu le nombre prodigieux ... domestiques qui le servaient, la foule ... flatteurs empressés qui l'entouraient? — 9. Sully avait autour de lui un nombre prodigieux ... domestiques, une foule ... gardes, d'écuyers, de gentilshommes (*Thomas*). — 10. Ils sont transportés doucement sur la rivière dans une contrée où toutes sortes ... plaisirs abondent (*La Harpe*).— 11. Celui qui sait renoncer à une grande autorité se délivre en un moment de bien ... peines, de bien ... veilles, et quelquefois de bien ... crimes (*La Bruyère*).

[Remplacez les points par l'article masculin ou féminin, singulier ou pluriel, conformément aux règles.]

1. La distinction ... moins exposée à l'envie est celle qui vient d'une longue suite d'ancêtres (*Fénelon*). — 2. Les passions ont un intérêt qui fait qu'on doit s'en défier, lors même qu'elles paraissent ... plus raisonnables (*La Rochefoucauld*). — 3. Les animaux que l'homme a ... plus admirés sont ceux qui lui ont paru participer à sa nature (*Buffon*). — 4. C'est dans le temps que les grands hommes sont ... plus communs, dit Tacite, que l'on rend aussi ... plus de justice à leur gloire (*Thomas*). — 5. Simonide est de tous les poëtes élégiaques celui dont la célébrité a été ... plus grande (*Barthélemy*). — 6. Après les yeux, les parties du visage qui contribuent ... plus à marquer la physionomie sont les sourcils (*Buffon*). — 7. Examinez les hommes qui paraissent ... plus heureux, vous verrez qu'ils ont acheté leur prétendu bonheur bien chèrement (*B. de Saint-Pierre*). — 8. Un bienfait reçu est ... plus sacrée de toutes les dettes (*Mme Necker*). — 9. C'est dans le moyen âge que les hommes sont ... plus sujets à ces langueurs de l'âme (*Buffon*). — 10. Le premier inventeur des arts est le besoin; le plus ingénieux de tous les maîtres est celui dont les leçons sont ... plus écoutées (*Le Batteux*). — 11. On serait tenté de croire que les hommes qui amassent ... plus de matériaux ne sont pas ceux qui les mettent ... mieux en œuvre (*Boufflers*). — 12. Ceux que j'ai toujours vus ... plus frappés de la lecture des écrits d'Homère, de Virgile, d'Horace, de

Cicéron, sont des esprits du premier ordre (*Boileau*). —

120e EXERCICE. — *Invention.*

[Composez : 1° six phrases analogues aux exemples du paragraphe 304 de la Grammaire et à ceux de la remarque qui suit ce paragraphe ;
2° Six phrases analogues aux exemples des paragraphes 305, 306 et 307.]

RÉCAPITULATION DES EXERCICES SUR LA SYNTAXE DU NOM ET DE L'ARTICLE.

121e EXERCICE. — *Syntaxe.*

[Remplacez les points par les mots qui sont en tête des numéros, en appliquant les règles de la grammaire.]

I.

1. *Loup-cervier* — *chat-cervier* — Les ... sont seulement plus petits et plus blancs que ceux d'Europe ; et c'est cette différence qui les a fait appeler ... (*Buffon*).

2. *Un* ou *une* — *de* ou *du* — Il est permis de n'être pas ... aigle, mais il faut avoir ... bon sens (*Boiste*).

3. *Oui* — *non* — Dans le cas où la somme des ... surpasse celle des ..., alors la loi nouvelle doit l'emporter (*Mirabeau*).

4. *Montausier* — Les ... ont rendu leur nom célèbre dans le siècle des beaux-arts (*Voltaire*).

5. *De* ou *des*. A Tuscule, à Tibur, aussi bien que dans Rome,
... grands hommes toujours écoutaient un grand homme.
(DELILLE.)

6. *Prochain* ou *prochaine* — Je vous payerai à Pâques ... (*Acad.*).

7. *Heureux* — Les gens ... ne se corrigent guère (*La Rochefoucauld*).

8. *Tel* — Pygmalion n'avait jamais vu de gens de bien, car de ... gens ne vont point chercher un roi si corrompu (*Fénelon*).

9. *Un* ou *une* — Que de pauvres on peut soulager avec ... couple d'écus !

10. *Ce* ou *cette* — *adoré* ou *adorée*.

L'Honneur, cher Valincour, et l'Équité, sa sœur,
De leurs sages conseils éclairant tout le monde,

Régnaient, chéris du ciel, dans une paix profonde,
Tout vivait en commun sous ... couple ... (BOILEAU.)

11. *Témoin* — Il prit les dieux à ... de tous les maux que causerait à la République une pareille innovation (*Vertot*).

12. *Témoin sûr* — Ces demoiselles sont des ... et dignes de foi.

13. *La raillerie* ou *raillerie* — Néron, tout Néron qu'il était, entendit très-bien ... sur ses vers, et ne crut pas que l'empereur, en cette occasion, dût prendre les intérêts du poëte (*Boileau*).

14. *De* ou *des*.

Ma grandeur, à ce prix, n'a pas pour moi ... charmes. (VOLTAIRE.)

15. *De* ou *des*.

Un geste la découvre (1), un rien la fait paraître ;
Mais tout esprit n'a pas ... yeux pour la connaître. (BOILEAU.)

16. *Le* ou *les* — Les grands esprits sont ... plus susceptibles de l'illusion des systèmes (*La Harpe*).

17. *Le* ou *la* — Il n'est guère possible de rendre un vers par un vers, lors même que cette précision est ... plus nécessaire, comme dans une inscription (*La Harpe*).

18. *Pot-de-vin* — Cet intendant s'est enrichi par les ... (*Acad.*).

19. *Un* ou *une* — Ceci est ... œuvre de Callot (2) (*G. Duvivier*).

20. *Tous* ou *toutes* — ... les œuvres de Dieu sont l'équité et la justice même (*Massillon*).

II.

21. *Nouveau* ou *nouvelle* — *le* ou *la* — S'il y a quelque chose de ..., je vous prie en grâce de me ... dire (*Voltaire*).

22. *Le* ou *la* — *étincelant* ou *étincelante* — ... foudre ... éclate dans la nue (*Id.*).

23. *Néron* — C'est par eux (3) qu'on apprend à respecter les rois,
Et que même aux ... on doit l'obéissance. (L. RACINE.)

24. *De* ou *des* — Les grandes batailles, semblables à ... tremblements de terre donnent toujours ... violentes secousses aux États (*Thomas*).

---

(1) La nature.
(2) Callot, célèbre dessinateur et graveur français, mort en 1635.
(3) Les chrétiens.

25. *Le* ou *les* — Les sujets qui plaisent... plus à l'imagination ne sont pas ... plus faciles à peindre (*Châteaubriand*).

26. *Olive* — On fait de l'huile d'... en écrasant les olives sous des meules et en les réduisant en une sorte de pâte que l'on met ensuite sous un pressoir.

27. *Olive* — Les barils d'... viennent surtout de Marseille.

28. *Garde-manger* — La neige couvre le pont et le toit de notre navire et forme nos observatoires et nos ... (*Châteaubriand*).

29. *Guise* — Des ... cependant le rapide bonheur
Sur son abaissement élevait leur grandeur. (VOLTAIRE.)

30. *Au dernier* ou *à la dernière* — Peu d'enfants arrivent ... période de leur vie.

31. *Certains* ou *certaines* — *ils* ou *elles* — ... gens étudient toute leur vie; à la mort ... ont tout appris excepté à penser (*Domergue*).

32. *Ciel.* — Au cimetière de Pise, Buffalmaco a représenté tous les ... décrits par le Dante (*J. Janin*).

33. *Mêlé* — Les chevaux de Perse sont robustes et très-aisés à nourrir; on ne leur donne que de l'orge ... avec de la paille hachée menue (*Buffon*).

34. *Perlé* — *réduit* — L'orge ... est de l'orge ... en petits grains dépouillés de leur son (*Acad.*).

35. *Bourbon* — *Brillants* ou *brillantes*.

Mânes des grands ..., ... foudres de guerre. (CORNEILLE.)

36. *Riant* ou *riante*.

Et toi ... Automne, accorde à nos désirs
Ce qu'on attend de toi, des biens et des plaisirs. (ST. LAMBERT.)

37. *Concetti* — Fuyez encor les tours trop délicats,
Des ... l'inutile fracas. (DE BERNIS.)

38. *De* ou *des* — Je ne veux point faire ... réflexions odieuses sur ce dessein (*Montesquieu*).

39. *De* ou *des* — Combien ... favoris de la fortune, sortis tout à coup du néant, vont saisir les premiers postes (*Marmontel*).

40. *De* ou *des*.

On fait sur ce sujet bien ... récits bizarres. (ANDRIEUX.)

III.

41. *Un* ou *une* —Excusez ma tendresse pour... enfant dont je n'ai jamais eu aucune plainte (*Racine*). —*Nota.* Dans cette phrase le mot *enfant* désigne une petite fille.

42. *Fou* — *conjugal* — Du côté de l'Asie était Vénus, c'est-à-dire les plaisirs, les ... amours et la mollesse; du côté de la Grèce était Junon, c'est-à-dire la gravité avec l'amour ... (*Bossuet.*)

43. *Fait* ou *faite.* — Ces actions qui comblèrent Pompée de gloire, firent que dans la suite, quelque chose qu'il eût... au préjudice des lois, le sénat se déclara toujours pour lui (*Montesquieu*).

44. *De* ou *des* — Le mensonge n'a point... douleurs si sincères. (VOLTAIRE.)

45. *Avant-coureur* —

Et souvent en effet ces secrètes terreurs
Des désastres prochains sont les ... (CHÉNIER.)

46. *Fait.* —Perfectionnez votre écriture en copiant des exemples bien...

47. *Français* — C'est en vain que les Russes ont voulu défendre la capitale de cette ancienne et illustre Pologne : l'aigle... plane sur la Vistule (*Napoléon*).

48. *Le* ou *la.* —

Pompée a besoin d'aide, il vient chercher ... vôtre. (CORNEILLE.)

49. *Un* ou *une* —Vous prendrez... aide de cuisine (*Boinvilliers*).

50. *Le* — La contemplation est... délice d'un esprit élevé et extraordinaire (*Lévizac*).

51. *Tous les innocents* — J'ai quitté... délices du foyer domestique (*Lamartine*).

52. *Œil* (au pluriel) — Il y a des pierres précieuses qu'on appelle... — de — poisson, d'autres auxquelles on a donné le nom d'...-de-chat,... — de — serpent, etc.

53. *Œil* — Ce bouillon n'est guère gras, il n'a pas beaucoup d'... (*Acad.*).

54. *Lazzi* — *quolibet* — *bravo* — *dilettanti* — Les... et les... de ces bateleurs excitent les... des... des boulevards (*Boniface*).

55. *De* ou *du* — Je veux la campagne,... petit lait,... bon potage (*Voltaire*).

56. *Le* ou *les* — Ceux mêmes qui s'y étaient... plus divertis ont eu peur de n'avoir pas ri dans les règles (*Racine*).

57. *Tels* ou *telles* — *ils* ou *elles.* —

> ... gens n'ont pas fait la moitié de leur course,
> Qu'... sont au bout de leurs écus. (La Fontaine.)

58. *Amer* ou *amère.* — Que de pleurs... j'ai versés sur sa tombe !

59. *Laurier-rose.* —

> Eurotas, Eurotas, que font ces ...
> Sur ton rivage en deuil par la mort habité! (C. Delavigne.)

60. *De* ou *des* — Comment Constantinople, cette ville que l'on disait encore si puissante, est-elle tombée au pouvoir des Turcs? N'aviez-vous pas... richesses,.... immenses trésors enviés par l'Europe? (*Villemain*).

IV.

61. *Giroflée jaune — pissenlit — longue gerbe — graminée saxatile* — De l'urne sortent, au lieu de plantes fluviatiles, celles qui se plaisent dans les lieux les plus secs, des touffes de..., de... et de... de... (*B. de Saint-Pierre*).

62. *Appris* ou *apprise.* —

> Et retenez de moi ce salutaire avis :
> Pour savoir quelque chose, il faut l'avoir... (Andrieux.)

63. *Beau* — Cette église a de... orgues.

64. *Témoin.* —

> Quand avons-nous cessé d'aboyer au larron?
> ... trois procureurs, dont icelui Citron (1)
> A déchiré la robe. (Racine.)

65. *Querelleurs* — *De* ou *des.* —

> Tous les gens ... jusqu'aux simples mâtins,
> Au dire de chacun étaient ... petits saints. (La Fontaine.)

66. *Annuel* — Si les arbres portent au-dedans des anneaux en rapport avec les périodes... du soleil, les palmiers en montrent de semblables au dehors (*B. de Saint-Pierre*).

67. *Un* — Et vous, pourquoi ces pleurs? pourquoi ces vains sanglots?
Chantez, chantez ... hymne, ô vierges de Lesbos! (Lamartine.)

---

(1) *Citron* est le nom du chien du juge Dandin, dans la comédie des Plaideurs.

68. *De* ou *du* — On a mieux cultivé les vignes et je bois... meilleur vin (*de Wailly*).

69. *Le* ou *les* — Les mœurs sont aussi une des parties... plus importantes de l'épopée, et ce n'est pas celle sur laquelle les critiques aient été ... moins injustes envers Homère (*La Harpe*).

70. *Divin* ou *divine*. —

L'orgue ... exhale un son religieux. (Delille.)

71. *Le* ou *la*. —

A ces mots dans les airs le trait se fait entendre ;
A l'endroit où le monstre a la peau ... plus tendre
Il en reçoit le coup, se sent ouvrir les flancs. (Lafontaine.)

[Dans les phrases suivantes employez ou non l'article, suivant les règles, devant les mots en caractère italique.]

72. Dieu s'est choisi un peuple dont *bonne* ou *mauvaise* fortune dépendit de sa piété (*Bossuet*).

73. *Sévère* et *judicieux* Boileau n'épargne pas même les vivants (*Boinvilliers*).

74. Les vents alizés cessent en mars et avril entre *cinquième* et *deuxième* degré de latitude nord (*B. de Saint-Pierre*).

75. Je ne saurais approuver *bizarre, sotte* action que tu as faite.

76. On ne doit pas juger du bon ou *mauvais* naturel d'une personne par les traits de son visage (*Buffon*).

77. A ces mots il lui tend *doux* et *tendre* ouvrage. (Boileau.)

78. *De* ou *des* — ... belles actions qu'il a faites, combien y en a-t-il que l'histoire jugera dignes d'être transmises à la postérité?

79. *Richelieu* — Des deux ... sur la terre
Les exploits seront admirés. (Voltaire.)

80. *Un* ou *une* — ... aigle, sur un champ prétendant droit d'aubaine,
Ne fait point appeler... aigle à la huitaine. (Boileau.)

FIN.

Coulommiers. — Imprimerie de A. Moussin.

www.ingramcontent.com/pod-product-compliance
Ingram Content Group UK Ltd.
Pitfield, Milton Keynes, MK11 3LW, UK
UKHW020412230726
13925UKWH00004B/1381